소비자 효용이론과 공공재의 가치

소비자 효용이론과 공공재의 가치

Consumer Utility and Value of Public Goods

윤형호 지음

서울연구원
The Seoul Institute

서론

이 책은 일반경제학에서 다루는 시장재에 관한 소비자이론을 소개하고 이를 공공재의 가치 평가에 어떻게 응용하는지를 다룬다. 현재 학계에서는 소비자이론은 교과서에 소개하고, 공공재이론은 별도의 책에 실무적인 관점에서 소개해 두 이론을 분리하는 게 관행이다. 그래서 공무원들과 실무자들은 보통 공공재의 편익 산출, 공공재의 결정에 관한 배경과 이론적 근거를 이해하지 못하고 단편적인 내용만 알게 된다. 이 책의 목적은 두 내용을 연결하여 공공재이론을 친숙하고 쉽게, 그러면서도 경제적인 관점에서 논리적으로 알려 주는 것이다.

우리는 고등학교 과정에서 소비자이론의 초급 내용을 배우고 대학에서 더 자세한 내용을 이론적으로 배운다. 이때 효용, 한계 효용의 법칙, 효용 극대화, 수요함수 등에 관한 정의와 이론을 배운다. 교과서의 특징은 관련 내용을 단순하게 전달하고, 이론적인 내용이라도 근저에 있는 배경과 동기, 수학적인 전개를 생략하고 결과만 제공한다는 것이다. 따라서 우리는 학교에서 용어에 대한 단편적인 정의, 이론적 결과를 주로 배우고 그것만을 기억하고 있다.

이 책은 효용이론이 18세기 프랜시스 허치슨(Francis Hutcheson)과 애덤 스미스(Adam Smith)부터 19세기 말 윌리엄 스탠리 제번스(William Stanley Jevons), 빌프레도 파레토(Vilfredo Pareto), 20세기 초 앨프리드 마셜(Alfred Marshall), 존 리처드 힉스(John Richard Hicks)를 거쳐 어떠한 역사적인 배경과 과학 진보에 따라 어떻게 발전했는가를 보여 준다. 특히 우리가 배우는 일반적인 교과서에 소개되는 효용이론에 관한 정의, 그림 등은 마셜과 힉스의 고전 교과서에서 출발한 것인데, 이 책에서는 이 고전 교과서 내용을 직접 소개하였다. 이를 통해 독자는 과거의 경제학자들과 소통하면서 효용이론을 더 깊고 넓게, 피부에 닿게 이해하고, 나아가 직관적인 통찰력을 가질 수 있다.

이 책에서는 특별히 1960년대 정립된 현대경제학의 소비자이론을 소개할 것이다. 대학의 석박사 과정에서 배우는 내용이다. 내용 자체는 마셜과 힉스의 고전경제학과 크게 다르지 않지만 고급 수학이 사용되기 때문에 일반인이 접근하기가 어렵다. 대학에서도 종종 이 이론을 이해하는 데 필요한 고전경제학과의 관계, 기하학적인 통찰력이나 수학적인 전개는 생략하고 결과만 가르치는 실정이다.

일반적인 독자는 고급 수학에 대한 지식이 부족하므로 고급 경제학 책에서 나오는 소비자이론의 수학적 전개를 이해하는 데 어려움을 겪는다. 이 책에서는 고전경제학과의 관계, 기하학적인 설명을 제공하여 그 이론에 쉽게 다가가도록 하였다. 어려운 현대경제학을 구태여 소개하는 이유는 그 내용이 공공재의 가치를 산출하는 데 긴요하게 사용되기 때문이다. 다만 수학과 관련된 내용은 부록으로 처리하였고 본문은 부록의 내용을 알지 못해도 읽을 때 어려움이 없도록 하였다.

현대경제학의 두 가지 이론은 공공재의 가치 산출에서 중요한 역할을 한다. 첫째, 효용 극대화를 위해 개인이 어떻게 시장재와 공공재를 같이 소비하는지를 이해하도록 하여 공공재를 시장에서 값을 지불하고 구입하지 않더라도 그 가치를 산출하는 방법을 알려 준다. 이를 현시선호(顯示選好)에 의한 공공재 가치의 산출이라고 한다. 둘째, 공공재이론은 개인이 공공재에 부여하는 가치를 더하면 공공재의 가치가 된다고 가정한다. 하지만 이 주장을 뒷받침하기 위해서는 현대경제학의 이론이 필요하다.

누구든지 주변에서 공공도서관, 공공체육관, 노인복지관을 보면서 어떻게 그 규모와 기능이 정해지고 공급 결정이 내려지는지 관심을 가질 수 있다. 이러한 공공시설이 시 · 구의 장기적인 발전 계획, 주민 청원, 의회의 노력으로 추진되는 것은 당연하다. 하지만 많은 재원이 들어가는 공공시설이 행정 · 정치 과정으로만 추진되는 것은 아니다.

경제적인 관점에서 보면 공공재는 그 효용이 주민의 세금으로 부담하는 비용보다 클 때 공급하는 것이 적정하다. 이 책에서는 개별 공공재의 가치(혹은 편익)를 산출하는 여러 방법을 소개한다. 특히 현시선호에 의한 방법을 소비자이론과 결부하여 명확히 이해되도록 설명하였다. 또한 진술선호(陳述選好) 방법인 조건부 가치 측정을 소개하고 관련하여 통계이론, 추정 절차, 코딩을 제공하였다.

이 책은 이미 출간된 책들과는 달리 소비자이론과 공공재이론의 바탕에 있는 공통적인 경제이론을 명시적으로 설명하고 두 분야를 통합하는 새로운 시도를 하였다. 따라서 공공재에 관한 기존 서적들과 비교할 때 이 책은 이론적 접근법과 소개하는 내용에서 큰 차이가 있다. 경제학을 공부하는 학생, 관련 분야의 실무자, 주민, 정치인 등이 공공재를 이해하는 폭을 넓히는 데 이 책이 도움이 되길 바란다.

차례

서론 4

1 근대 경제학의 소비자 효용

01 공리주의와 효용 12
02 제번스의 수학적인 효용이론 16
03 마셜의 효용함수와 소비자이론 21
04 파레토의 무차별 곡선 38
05 힉스의 소비자이론 44

2 현대 경제학의 소비자 효용이론

01 선호의 공리 68
02 효용함수 81
03 최적의 소비 결정 93

3 간접효용함수와 비용함수

01 간접효용함수 110
02 비용함수 114
03 간접효용함수와 비용함수의 관계 121

4 시장 수요

01 고만 형태와 시장 수요 136

02 효용함수와 고만 형태 142

5 공공재 공급에 관한 이론

01 공공재의 특성 152

02 공공재의 공급 수준의 부적정 158

03 공공재 편익의 식별과 측정 164

04 현시선호에 의한 공공재 가치 측정 167

05 공공재에 대한 소비자의 지불 의사 금액 182

06 진실 진술 메커니즘 187

6 조건부 가치 측정

01 조건부 가치 측정의 정의와 특성 196

02 조건부 가치 측정의 구조 198

03 조건부 가치 측정의 절차 202

04 조건부 가치 측정에 관한 통계이론과 추정 방법 206

참고문헌 215

CONSUMER UTILITY AND VALUE OF PUBLIC GOODS

근대 경제학의 소비자 효용

1

공리주의와 효용

01

일반적으로 애덤 스미스(1723~1790)의 《국부론》(1776) 출간을 근대 경제학의 출발로 여긴다. 스미스는 스코틀랜드 글래스고대학교 도덕철학 교수였기 때문에 그의 경제학은 자연히 도덕철학의 영향을 받았을 것으로 보인다. 그리고 특별히 스미스는 초기 공리주의자(utilitarian)인 스승 프랜시스 허치슨에게서도 영향을 받았다고 알려져 있다. 허치슨은 《선과 덕성에 관한 질문(*An Inquiry into the Original of Our Ideas of Beauty and Virtue*)》(1725)에서 도덕적 행동이란 각 개인의 효용을 극대화하고 이런 사람의 수를 극대화하는 것이라고 했다. 즉 도덕적 행동이란 사회적 효용을 극대화하는 것이다.

스미스는 《국부론》에서 개인이 동등하다면 시장에서 상품이 교환될 때 가격이 형성되고 자원이 효과적으로 배분되어 사회적 효용이 극대화된다고 했다. 그는 이기적인 개인 행동이 '보이지 않는 손(invisible hand)', 즉 시장 가격에 의해 사회적 효용을 극대화한다고 보았고 이를 도덕적인 행동으로 생각하였다.

이러한 도덕철학적 관점에서 떠나 현대경제학의 소비자이론에서 의미하는 효용을 처음으로 분석한 이는 공리주의 철학자 제러미 벤담(Jeremy Bentham, 1748~1832)이다. 공리주의는 인간의 행복과 복지를 극대화하는 사회적 규범을 말한다.

벤담은 1789년 출간한 《도덕과 입법의 원칙에 관한 서론》이라는 책에서 '효용(utility)'이라는 용어를 사용하였다. 그는 이 책에서 인간 혹은 인간의 집합체인 사회는 행복 즉 효용을 증진시키거나 불행 즉 비효용(disutility)을 가중시킬 행동을 선택할 권한이 있고 무엇을 하든 당사자의 책임이라고 하였다.

벤담은 물건이 지닌 물성으로부터 얻을 수 있는 만족, 즉 행복을 효용이라 하였다. 그는 만족은 측정될 수 있고 강도, 지속성, 확실성, 시산성, 확장성 등에서 영향을 받는다고 하였다. 〈그림 1〉처럼 빵 한 개를 먹을 때 얻는 만족은 저울 같은 측성 도구를 이용해 측정할 수 있다고 본 것이다.

만족의 강도가 크면 효용이 크고, 같은 만족이라도 오랫동안 지속되면 효용이 크다고 볼 수 있다. 그리고 복권을 샀을 때 당첨 확률이 높은 복권이 낮은 복권보다 효용이 높다. 또 내일 받는 급여가 한 달 후 받는 급여보다 만족이 높다. 이처럼 물건은 물성에 따라 각각 다른 만족감을

〈그림 1〉

벤담은 만족이 측정될 수 있다고 하였다. 빵 한 개를 먹을 때 얻는 만족을 저울 같은 측정 도구로 측정할 수 있다고 본 것이다.

〈그림 2〉

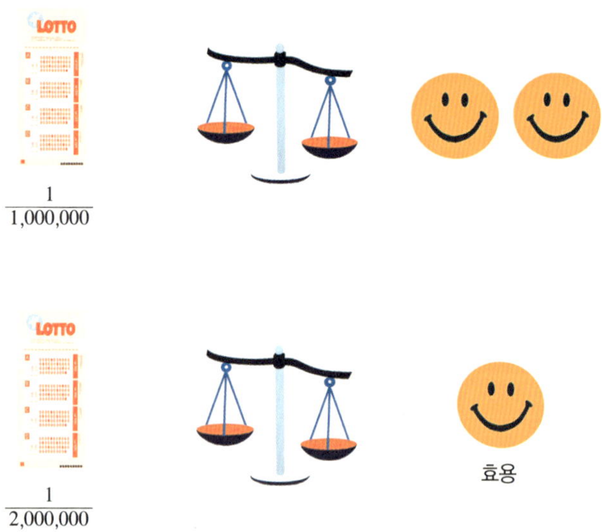

벤담은 만족의 강도가 크면 효용이 크고, 같은 만족이라도 오랫동안 지속되면 효용이 크다고 보았다. 예를 들어, 복권을 샀을 때 당첨 확률이 높은 복권이 낮은 복권보다 효용이 크다.

주며 우리는 그 차이를 계산할 수 있다.

벤담은 만족을 더할 수 있다고 주장하였으며 이를 '행복 미적분(hedonic calculus)'이라고 칭하였다. 이처럼 효용이 더해질 수 있다는 기계론적 사고방식은 17세기 후반과 18세기 초반에 완성된 미적분과 고전물리학에서 영향을 받은 것 같다.

〈그림 3〉

개별 물건에서 얻은 만족감을 측정하고 이를 더할 수 있다는 벤담의 주장은 고전물리학에서 영향받은 것이다.

아이작 뉴턴(Isaac Newton)의 고전물리학은 물체에 힘을 가하면 이동을 한다는 힘의 법칙을 제시했다. 또한 여러 번 힘을 가해 물체가 이동할 때마다 움직인 거리를 더하면 전체 이동거리를 계산할 수 있다고 하였다. 인간이 일을 하여 물건을 여러 개 만들고 개별 물건으로부터 얻는 만족감을 측정하고 이를 더할 수 있다는 벤담의 주장은 고전물리학의 정신과 체계를 본받은 것이다.

이러한 효용의 정의는 사회적 규범에 관한 학문 중의 하나인 초기 경제학에서 중요하게 사용되었다. 이어서 제번스, 마셜, 에지워스, 파레토, 힉스가 설명한 효용에 바탕을 둔 소비자 경제이론을 소개하겠다.

제번스의 수학적인 효용이론

02

윌리엄 제번스(1835~1882)는 앨프리드 마셜이 《경제원론(*Principles of Economics*)》(1890)을 출간하기 이전인 1871년에 현대경제학의 기초를 닦은 《정치경제학 이론(*The Theory of Political Economy*)》을 출간하였다. 어빙 피셔(Irving Fisher)는 이 책을 수리경제학의 원조라고 하면서, 경제학은 수량을 다루기 때문에 반드시 수학적이어야 한다고 했다. 제번스는 오스트리아의 카를 멩거(Carl Menger), 스위스의 레옹 발라(Leon Walras)와 함께 한계 효용 개념을 소개했고 경제학의 새길을 열었다.

제번스는 《정치경제학 이론》에서 벤담의 효용에 대한 정의를 그대로 받아들였다. 그는 효용을 우리에게 기쁨과 만족을 주는 상품의 성질이라고 정의하였고 인간의 행복에 기여하는 효용은 측정되어야 한다고 주장했다. 그는 경제학은 효용이 완전히 분석되는 토대 위에 시작한다고 하였다.

제번스는 생산 과정을 중시하는 존 스튜어트 밀(John Stuart Mill)과 달리 경제학을 소비이론으로 파악하였다. 그는 경제학이란 인간이 얻는 만족에 관한 효용의 법칙(law)을 연구하는 것이고, 인간은 궁극적으로 소비하기 위해 노력을 들여 제품을 생산한다고 보았다.

벤담에 따르면 우리가 먹는 빵은 배고픔의 해결이라는 중요한 만족감을 주기 때문에 효용이 있다. 제번스는 벤담이 제공한 효용에 관한 정의와 중요한 성질을 소개하였고 이에 근거해 소비자 경제이론에 관한 중요한 진전을 이루어 냈다.

제번스는 일상적으로 소비하는 10파운드의 빵에서 얻는 전체 효용(total utility)과 매 파운드의 소비에서 얻는 한계 효용(marginal utility)은 구분해야 한다고 보았다. 이에 따르면 첫 번째와 두 번째 파운드의 빵은 배고픔을 해결하는 데 중요한 반면 아홉 번째나 열 번째 파운드의 빵은 그다지 중요하지 않다.

제번스는 〈그림 4〉의 그래프로 각 파운드 빵이 가져오는 한계 효용을 보여 주면서 '한계 효용 체감의 법칙(the law of diminishing marginal utility)'을 설명하였다. 그래프의 X축은 빵의 수량, Y축은 개별 파운드 빵의 한계 효용을 나타내는데, 빵의 섭취가 늘어날수록 한계 효용은 감소하는 모습을 볼 수 있다.

제번스는 이들 개별 한계 효용을 더하면 총효용을 얻을 수 있다고 하였다. 예를 들면 〈그림 4〉에서 첫 번째 막대는 첫 번째 빵의 한계 효용,

〈그림 4〉

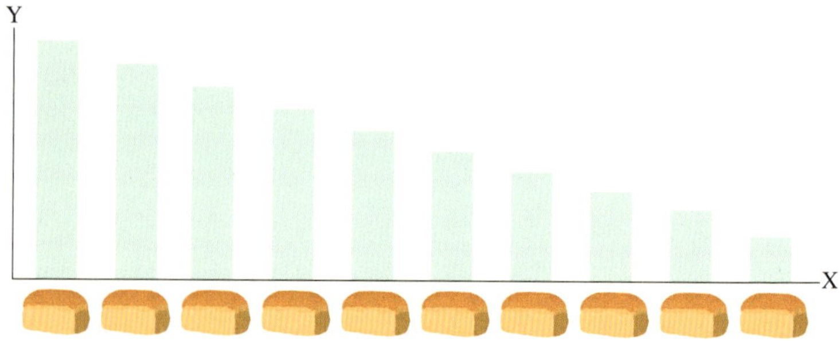

그림에서 각 막대는 상응하는 빵의 한계 효용이다. 첫 번째 막대는 첫 번째 빵의 한계 효용, 두 번째 막대는 두 번째 빵의 한계 효용으로, 이들 10개의 막대를 더하면 빵 10개의 총효용을 얻을 수 있다. 이처럼 제번스는 개별 한계 효용을 더하면 총효용을 얻을 수 있다고 하였다.

두 번째 막대는 두 번째 빵의 한계 효용이고 각 막대는 상응하는 빵의 한계 효용이다. 이들 열 개의 막대를 더하면 빵 열 개의 총효용을 얻을 수 있다.

제번스는 저서에서 상품의 수량이 x에서 $x+\Delta x$로 증가하면 효용이 u에서 $u+\Delta u$로 증가한다고 수학적으로 표현하였다. 그리고 한계 효용을 수량의 변화에 의한 효용의 변화율, 즉 $\frac{\Delta u}{\Delta x}$ 혹은 $\frac{du}{dx}$로 표시하였다. 제번스는 한계 효용을 더할 수 있다고 주장하였고 이를 위해 적분을 사용하였다. 이를 계기로 제번스는 '현대 수리경제학의 아버지'라고 불리게 되었다.

한편 제번스는 최적의 소비 결정을 다음과 같이 설명하였다. 우유 10킬로그램이 치즈나 빵을 만들 때 사용된다고 가정한다. 이때 각 사용처에서 얻는 한계 효용이 동일하면 우유 사용의 최적 배분이 이루어진 것이다. 예를 들어 우유 3킬로그램으로 빵을 만들 때 얻는 한계 효용이 3파운드이고 우유 7킬로그램으로 치즈를 만들 때 얻는 한계 효용이 3파운드이면 우유 사용의 최적 배분이 이루어졌다고 할 수 있다.

〈그림 5〉

우유 10킬로그램으로 치즈와 빵을 만들 때 각 사용처에서 얻는 한계 효용이 동일해야 우유 사용의 최적 배분이 이루어진다. 우유 3킬로그램으로 빵을 만들 때 얻는 한계 효용이 3파운드이고 우유 7킬로그램으로 치즈를 만들 때 얻는 한계 효용이 3파운드이면 우유 사용의 최적 배분이 이루어졌다고 볼 수 있다.

그런데 농부가 우유 10킬로그램을 이와 다르게 배분하면 손해를 본다. 예를 들어 농부가 우유를 빵에 조금 더 사용하고 치즈에 조금 덜 사용한다고 가정한다. 만일 우유 4킬로그램을 빵에 사용하면 한계 효용이 체감하기 때문에 한계 효용이 2파운드가 되고 나머지 우유 6킬로그램을 치즈에 사용하면 한계 효용이 4파운드가 된다.

이때 농부는 치즈를 1킬로그램 적게 만들면 3파운드 효용을 손해 본다. 한편 빵을 1킬로그램 더 생산하면 한계 효용 2파운드를 더 얻을 수 있다. 결과적으로 우유 10킬로그램을 이같이 빵과 치즈에 배분하면 1파운드 손해가 발생하므로 농부는 그렇게 하지 않을 것이다.

따라서 우유 10킬로그램으로 치즈를 만들거나 빵을 만들 때 각 사용처에서 얻는 한계 효용이 동일해야 최적 배분이 이루어진다. 한계 효용은 체감하고 한계 효용이 동일할 때 최적 배분이 이루어진다는 제번스의 이론은 후일 마셜의 소비자이론에 결정적인 영향을 미친다. 이렇게 한계 효용이 일치하도록 자원을 배분하는 원칙을 '한계 효용 원칙(marginal utility principle)'이라고 하고, 이와 관련된 이론들을 '한계주의(marginalism)'라고 한다.

마셜의 효용함수와 소비자이론

03

1 한계 효용 체감의 법칙

앨프리드 마셜(1842~1924)은 케임브리지대학교에서 처음에 수학과 물리학을 전공하였다. 그러다 전공을 철학으로 바꾸면서 공리주의의 윤리에 관심을 갖기 시작했다. 결국 근로자의 복리에 관심을 갖던 그는 전공을 다시 경제학으로 바꾸었다.

마셜은 경제학의 근본이 물질적 복리의 증진에 있으며 복리 증진은 사회적 · 정치적 힘과 연관된다고 믿었다. 1885년 그는 케임브리지대학교의 경제학과 교수가 되었고 신고전경제학파(neoclassical economics)를 창시했다. 그는 케임브리지 학파를 이끌면서 영국의 제번스, 프랜시스 이시드로 에지워스(Francis Ysidro Edgeworth), 존 메이너드 케인즈(John Maynard Keynes) 등과 학문적 교류를 하였다.

마셜은 경제학에서 수학적 분석을 강화하였고 과학의 기술 방법을 따랐다. 하지만 그는 경제학이란 일반인도 이해하도록 기술되어야 하며 수학이 지나치게 제시되어서는 안 된다고 보았다.

마셜의 《경제원론》은 1890년 최초로 출판된 이래로 1920년까지 30년에 걸쳐 8판이나 출간된 고전경제학의 교범이다. 마셜은 《정치경제학 이론》과는 달리 '경제원론'이라는 제목을 채택하여 경제학을 독립적인 학문으로 확립하였다. 마셜은 이 책에서 상품을 매번 소비할 때 얻는 한계 효용과 한계 효용 체감의 법칙을 소개하고 이 바탕 위에 소비자효용이론과 시장 수요를 설명한다. 본서에서는 이와 관련한 《경제원론》 8판의 내용을 쉽게 설명하도록 하겠다.

원론은 사물의 운동 법칙, 운동의 균형점과 같은 기본적인 현상을 설명하고 이 바탕 위에 복잡한 현상을 이론적으로 분석하는 책을 의미한다. 가장 유명한 원론으로는 뉴턴의 《프린키피아-자연과학을 위한 수학원론》(1687)을 들 수 있다. 이 책에서 뉴턴은 만유인력의 법칙(the law

〈그림 6〉

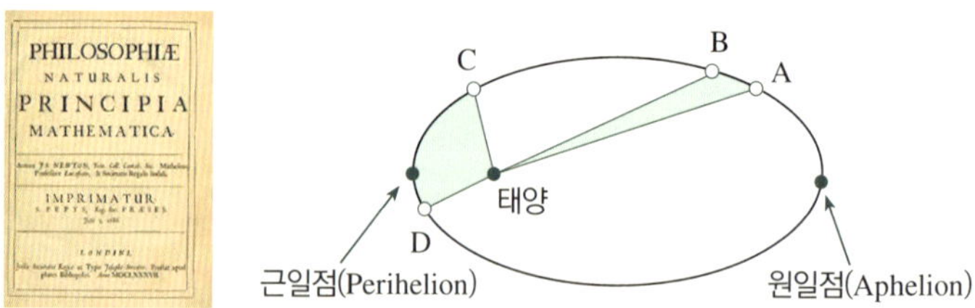

아이작 뉴턴의 대표 저서 《프린키피아》 초판. 뉴턴은 이 책에서 만유인력의 법칙을 정식화하고 수치적으로 검증하여 발표했다.

of general relativity)을 사용해 우주의 가장 기본적인 질서와 체계인 태양계 행성들의 운동을 이론적으로 설명하였다.

수학과 물리학을 공부한 마셜은 뉴턴의 《프린키피아》의 방법론을 이용하여 어떻게 시장에서 상품이 거래되어 가격이 결정되고 소비자가 상품을 구입하는지를 이론적으로 설명하였다. 마셜은 이러한 내용을 담은 저서의 제목을 《경제원론》이라 하였다. 그리고 그 책에서 특별히 한계 효용 체감의 법칙을 사용하여 소비자가 어떻게 상품을 구매하는지를 설명하였다.

마셜 이전에 경제학자 데이비드 리카도(David Ricardo)는 한계 수확 체감의 법칙(the law of diminishing marginal return)의 개념을 도입하였다. 리카도는 주어진 면적의 토지에 노동을 더 투입하면 수확량은 증가하지만 더 투입할수록 그 증가는 체감한다고 주장하였다. 즉 밀밭 1만 제곱미터 면적에 1천 시간의 노동을 투입하면 밀가루 100킬로그램을 얻을 수 있다. 동일 면적에 2천 시간의 노동을 투입하더라도 밀가루 생산은 200킬로그램으로 증가하지 않고 150킬로그램에 그치는 현상이 한계 수확 체감의 법칙이다.

마셜은 제번스의 효용에 관한 정의를 받아들여 상품의 효용은 그것을 소유하거나 소비하여 결과적으로 얻는 만족이라고 하였다. 그리고 사람들이 욕망을 충족하기 위해 상품을 구입할 때 지불하는 가격으로 효용을 측정할 수 있다고 여겼다.

〈그림 7〉

밀밭 1만 제곱미터 면적에 1천 시간의 노동을 투입하면 밀가루 100킬로그램을 얻을 수 있다. 동일 면적에 2천 시간의 노동을 투입하더라도 밀가루 생산은 200킬로그램으로 증가하지 않고 150킬로그램에 그치는 현상이 한계 수확 체감의 법칙이다.

마셜은 인간 본성의 특성은 상품의 소비가 증가할 때 한계 효용 체감을 경험한다고 보았다. 인간이 특정 상품을 많이 소비할수록 그로부터 얻는 총효용은 증가한다. 하지만 한 단위를 더 소비할 때 추가적으로 얻는 한계 효용은 소비 수량이 증가함에 따라 감소한다. 마셜은 이를 한계 효용 체감의 법칙이라 하였다. 이 사실은 제번스가 먼저 주장했지만 이를 법칙이라고 명명한 것은 마셜이다.

마셜은 뉴턴이 행성의 운동을 설명하기 위해 만유인력의 법칙을 이용한 것처럼 소비자이론을 설명하기 위해 한계 효용 체감의 법칙을 사용하였다. 마셜은 한계 효용 체감을 설명하기 위해 영국에서 일상적으로 소비하는 차의 소비를 예로 들었다. 먼저 마셜은 돈을 포함한 모든 상품의 소비는 유틸(util)이라는 단위로 측정되는 만족을 가진다고 보았다.

〈표 1〉에서 보듯 첫 번째 차 1 파운드의 소비는 11유틸과 같은 효용을, 두 번째 차 1파운드의 소비는 10유틸을 가지고 있다. 이처럼 추가적인 소비에서 일어나는 효용을 한계 효용이라고 한다. 〈표 1〉에서 차의 소비가 증가할수록 한계 효용은 감소한다.

〈표 1〉

수량	한계 효용 (유틸)	한계 효용 (돈)	수량	한계 효용 (유틸)	한계 효용 (돈)
1	11유틸	11실링	2	10유틸	10실링
3	9유틸	9실링	4	8유틸	8실링
5	7유틸	7실링	6	6유틸	6실링
7	5유틸	5실링	8	4유틸	4실링
9	3유틸	3실링	10	2유틸	2실링
11	1유틸	1실링			

마셜은 유틸이란 가상적인 효용 단위를 생각할 수 있지만 계산 단위로는 사용할 수 없다는 것을 알았다. 이를 해결하기 위해 돈의 한계 효용은 일정하다고 가정했다. 〈그림 8〉에서 보듯 1실링을 지출할 때 1유틸의 만족도를 얻고 다음 1실링을 지출할 때 역시 1유틸을 얻는다. 따라서 5실링은 5유틸, 10실링은 10유틸을 갖고, 모든 1실링의 한계 효

〈그림 8〉

돈의 한계 효용은 일정하다. 1실링을 지출할 때 1유틸의 만족도를 얻고, 2실링을 지출할 때 2유틸을 얻는다. 이처럼 돈의 한계 효용이 일정하므로 유틸을 실링으로 사용해도 된다.

용은 1유틸이다. 이같이 돈의 한계 효용이 일정하기 때문에 유틸을 실링으로 사용해도 된다.

소비자는 〈표 1〉에서 보듯 매 단위를 구입할 때 얻을 수 있는 한계 효용과 그때 지불하는 상품 가격을 비교하여 적절한 소비 수량을 결정한다. 현재 차의 가격이 1파운드에 3실링이라고 하자.

소비자 입장에서는 첫 번째 1파운드의 차가 11유틸의 효용을 가지고 있다. 다시 말해 첫 번째 차 1파운드는 11실링의 효용을 가지고 있다. 소비자는 돈 3실링을 주고 차 1파운드를 사면 효용 3실링을 포기하는 셈이지만 새로이 얻는 한계 효용이 11실링이기 때문에 당연히 차를 구입한다.

〈표 1〉에서 보듯 소비자가 처음 8파운드까지 1파운드씩 구입할 때 매번 얻는 한계 효용은 가격 3실링보다 크다. 구체적으로 8파운드째 지불하는 가격은 3실링이고 얻는 한계 효용은 4실링이다. 그래서 소비자는 차의 소비를 8파운드까지 계속 증가시킨다. 차를 8파운드에서 1파운드를 추가하여 9파운드를 소비할 때 얻는 한계 효용은 3실링이 된다. 9파운드째 차의 한계 효용이 가격 3실링과 같기 때문에 소비자는 9파운드까지 산다.

만약 소비지가 3실링을 주고 열 번째 차를 구입한다면 한계 효용이 2실링에 불과하므로 구입하지 않을 것이다. 결과적으로 적정한 차의 소비는 9파운드이다. 이처럼 소비자는 차 가격 3실링과 한계 효용이 일치하는 차의 수량, 즉 9파운드까지 구입할 것이다.

소비자가 돈을 주고 차를 구입한다는 것은 돈을 줄이고 차의 소유를 늘리는 자산의 배분 행위를 하는 것을 의미한다. 이때 소비자는 마지막으로 교환되는 돈과 차의 한계 효용이 3실링이기 때문에 한계 효용이 동일하도록 자산을 돈과 차에 배분한다. 이 과정은 이전에 제번스가 제시한 한계 효용 원칙과 일치한다.

마셜은 한계 효용 체감의 법칙에 따라 개인의 차에 대한 수요함수를 도출하였다. 만약 차의 파운드당 가격이 2실링으로 내린다면 〈표 1〉에서처럼 이 가격과 한계 효용이 일치하는 10파운드까지 구입해 수요를 1파운드 늘릴 것이다. 이처럼 한계 효용 체감 때문에 가격이 하락하면 개인의 차에 대한 수요는 증가한다.

마셜은 소비자는 차를 매 파운드 구입할 때마다 소비자 잉여(consumer surplus)를 얻는다고 설명하였다. 3실링을 주고 첫 번째 차를 구매하고 한계 효용 11실링을 얻으면 소비자 잉여는 8실링이다. 두 번째 구입할 때 역시 3실링을 지급하고 한계 효용 10실링을 얻는다. 이때 추가적인 소비자 잉여는 7실링이다.

소비자는 이렇게 매번 구입할 때마다 소비자 잉여를 얻는다. 그리고 아홉 번째 구매에서 얻는 한계 효용이 3실링이므로 소비자 잉여는 0이 된다. 최종적으로 소비자는 9파운드의 차를 구입하면서 27실링을 지급하고 총효용 63실링을 얻게 되며 결과적으로 소비자 잉여는 총 36실링

〈그림 9〉

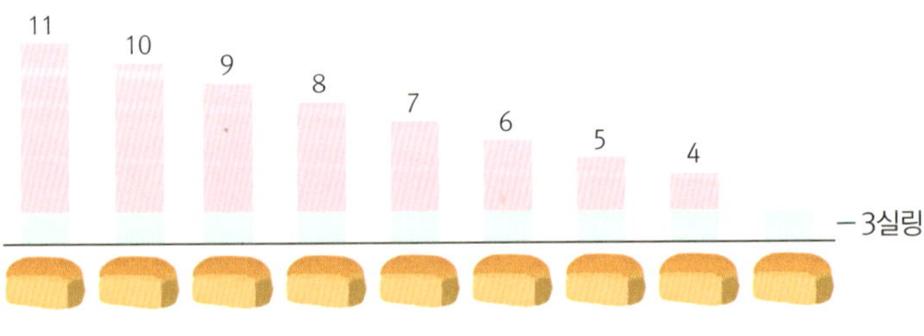

빵 가격이 3실링일 때 붉은색 부분이 소비자 잉여이다. 아홉 번째 구매에서 얻는 한계 효용이 3실링이므로 소비자 잉여는 0이 된다. 빵을 아홉 개 구입하면 27실링을 지급하고 총효용 63실링을 얻으며 결과적으로 소비자 잉여는 총 36실링을 얻는다.

을 얻는다. 차 대신에 빵을 소비한다고 가정하고 이를 시각화한 〈그림 9〉를 살펴보자. 빵의 가격이 3실링일 때 붉은색이 칠해진 부분이 소비자 잉여이다.

마셜은 상품의 소비가 가져오는 총효용과 소비자 잉여에 주목하였고 특별히 가격이 작동하는 시장경제는 잉여를 낳는다고 하였다. 특별히 공공기관은 공공재를 사용하는 시민이 얻는 효용을 이론적으로 파악하여 공공재 효용이 비용보다 큰지 아는 것이 중요하다.

2 시장 수요

마셜은 〈표 1〉에서 한계 효용 체감의 법칙을 이용하여 가격이 내려가면 개인의 수요가 증가하는 것을 보여 주었다. 마셜은 이들 개인 수요를 더하면 시장 수요를 얻을 수 있다고 하였다. 따라서 시장 수요 역시 가격이 내려가면 수량이 증가한다. 이를 구체적으로 살펴보자.

마셜은 상품을 1단위, 2단위와 같이 이산적(discrete)이 아니라 연속적(continuous)인 실수로 표시할 수 있다는 앙투안 오귀스탱 쿠르노(Antoine Augustin Cournot)의 방법을 받아들였다. 쿠르노는 수학자이지만 경제학에 관심을 두어 《부의 이론에 관한 수학원론》(1838)을 출간하였다. 실수의 연속적인 성질을 잘 알고 있었던 그는 저서에서 상품이 무한히 분할될 수 있으며 단위가 실수라고 하였다.

쿠르노는 프랑스 소르본대학교에서 수학을 공부했고 당시 유명한 수학자 페터 구스타프 레조이네 디리클레(Peter Gustav Lejeune Dirichlet)의 추천으로 프랑스 그레노블대학교 수학과 교수가 되었다. 또한 그는 일반균형이론의 아버지인 발라를 지도한 적이 있고 게임이론의 초기 공헌자로 경제학사에서 중요한 인물이다.

소비자는 〈표 1〉에서 설명한 것처럼 가격과 한계 효용이 일치하는 만큼 상품을 구입한다. 〈그림 10〉에서 보면 수평선 HH인 가격이 주어지면 가격선과 우하향하는 한계 효용 곡선이 만나는 점에서 이루어진 수량 p만큼 구입한다.

〈그림 10〉

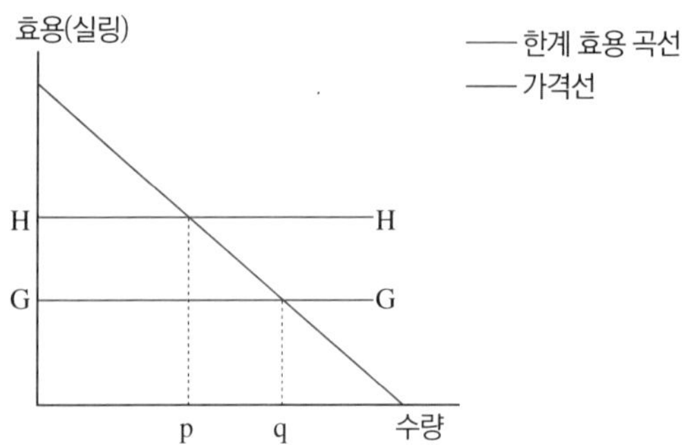

가격이 하락하여 가격선이 새로운 수평선 GG가 될 때 이 가격선과 한계 효용 곡선이 만나는 곳에서 구입 수량 q가 정해진다. 한계 효용 곡선이 우하향하기 때문에 가격이 하락할 때 수요량은 증가한다. 마셜은 뉴턴이 만유인력의 법칙을 가지고 달의 공전 주기를 계산했듯이 한계 효용 체감의 법칙을 가지고 소비자의 수량을 도출하였다. 이처럼 개인의 한계 효용 곡선은 주어진 가격에 구입 수량을 알려 주는 개인의 수요 곡선이 된다.

한계 효용 체감의 법칙 → 우하향하는 개인 수요함수

마셜은 각기 성향이 다른 소비자의 차에 대한 구입량을 고려해 시장 수요를 도출하였다. 소비자 각자의 차에 대한 한계 효용은 다를 수 있다. 소득이 많은 사람이라면 차에 대해 지불하는 가격, 즉 한계 효용이 높을 것이다. 한편 두 사람이 소득이 동일하더라도 차를 무척 좋아하는 사람은 높은 가격을 기꺼이 지불할 수 있다.

영국의 모든 사람은 소득도 다르고 차에 대한 선호도가 다르기에 차의 주가 소비에 따른 한계 효용도 다를 것이다. 이를 반영하여 개별 소비자마다 〈표 1〉과 같은 매번 구입하는 1파운드 차에 대한 한계 효용의 표가 있을 것이다. 시장 가격이 정해지면 소비자 각자는 가격과 한계 효용이 일치하는 수량을 구입할 것이다.

이러한 각 개인의 차 소비량 d_i를 더하면 주어진 시장 가격에서 영국 전체 차의 수요를 알 수 있다. 즉 가격과 수량을 연결하는 시장 수요 곡선을 구할 수 있다.

$$\sum_{i=1}^{n} d_i = D$$

시장에 두 명의 소비자만이 있고 〈그림 11〉에서 보이는 각자의 수요 곡선이 있다고 가정하자. 이들의 수요 곡선은 앞서 말한 것처럼 오른쪽으로 내려가는 우하향 곡선이다. 이들 수요 곡선을 수평으로 더하면 시장 수요 곡선을 얻을 수 있다.

〈그림 11〉에서 보듯 가격 p_1이면 개인 1의 수요는 q_1, 개인 2의 수요는 r_1이다. 따라서 시장 수요는 $q_1 + r_1$이다. 마찬가지로 가격 p_2이면 개인 1의 수요는 q_2, 개인 2의 수요는 r_2이다. 따라서 시장 수요는 $q_2 + r_2$이다.

마셜은 〈그림 11〉에서 보듯 우하향하는 개인 수요 곡선을 더해 얻은 시장 수요 곡선 역시 우하향한다고 주장했다. 이처럼 가격이 하락하면

〈그림 11〉

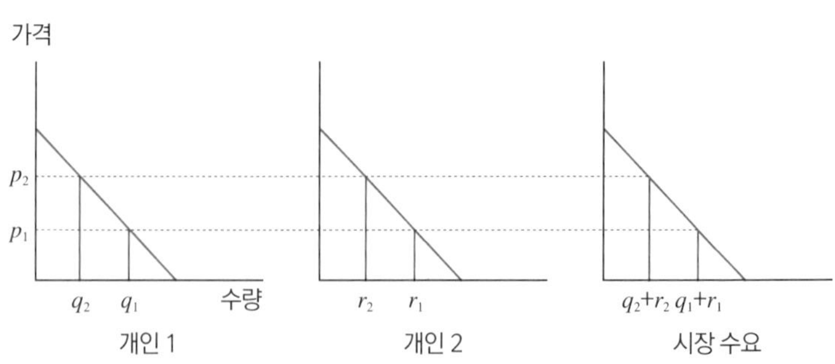

마셜은 가격이 하락하면 시장 수요가 증가하는 것을 '수요의 법칙'이라고 하였다.

시장 수요가 증가하는 것을 '수요의 법칙(the law of demand)'이라고 하였다. 마셜의 이 같은 설명을 현대경제학에서 어떻게 정치하게 분석하는지는 뒤에서 살펴보기로 한다.

3 한계 효용 체감의 법칙에 대한 옹호

뉴턴의 시대에 선배 과학자인 네덜란드의 크리스티안 하위헌스(Christiaan Huygens)와 프랑스의 르네 데카르트(René Descartes)는 경험적으로 관측할 수 없는 만유인력의 법칙을 인정하지 않았다. 그들은 떨어져 고립되어 있는 두 물체가 서로 상대 물체에게 힘을 작용할 수 없다고 생각했다. 그럼에도 불구하고 만유인력의 법칙을 이용하여 태양계 행성의 속도와 공전 주기, 궤도를 정확히 계산할 수 있기 때문에 우리는 이를 법칙이라 부르고 있다.

비슷한 논리로 마셜은 한계 효용 체감의 법칙을 옹호하는 데 신경을 썼다. 마셜은 비록 주관적으로 주장했지만 한계 효용 체감의 법칙이 개인 수요를 결정해 주며 결과적으로 우리가 관측하고 경험하는 시장 수요 곡선을 낳는다는 것을 알았기 때문에 이를 법칙이라고 했다. 마셜은 한계 효용 체감의 법칙을 다음과 같이 옹호하였다.

우선 마셜은 한계 효용 체감의 법칙이 모든 사람에게 적용되지 않을 수 있음을 인정하였다. 특정 사람은 사과를 너무 좋아해서 사과를 더

먹을 때 한계 효용이 감소하지 않을 수 있다. 하지만 그러한 소비 성향을 가진 사람은 일부이고 대부분의 사람에게 사과 소비가 증가할 때 한계 효용은 감소한다. 마셜은 평균적으로 상품의 소비가 증가할 때 한계 효용이 감소한다고 주장하면서 한계 효용 체감의 법칙을 옹호하였다.

마셜은 한계 효용과 가격과의 관계를 이용해 생활에 꼭 필요한 소금 값은 싸고, 먹지 않아도 삶에 지장이 없는 기호 식품인 차는 비싼 이유를 다음과 같은 논리로 설명하였다. 소금의 공급량이 충분하기 때문에 가격이 싸고, 가격이 싸니까 사람들은 소금을 충분히 구입하여 소비한다. 이미 소금을 충분히 소비하고 있기에 한계 효용 체감의 법칙에 따라 한계 효용은 낮다. 이처럼 싼 소금의 가격은 낮은 한계 효용과 연관된다.

〈그림 12〉

소금은 공급이 충분하기 때문에 가격이 싸고 가격이 싸니까 사람들이 충분히 구입하여 소비한다. 한계 효용 체감의 법칙에 따라 소금은 한계 효용이 낮다.

〈그림 13〉

다른 나라에서 수입되는 차는 물량이 소비량만큼 충분하지 않아 가격이 비싸다. 따라서 차는 한계 효용이 크다.

반면 먼 나라에서 수입하는 차의 공급 물량은 사람들이 원하는 소비량만큼 충분하지 않아 가격이 비싸다. 이때 사람들이 구입하는 차의 양은 적을 수밖에 없으며 그에 따른 한계 효용은 크다. 이처럼 차의 한계 효용이 크기 때문에 그 가격이 비싸다는 것은 앞서 언급한 마셜의 경제 이론과 상충되지 않는다.

마셜은 소금이 항상 싼 것은 아니라며 비쌀 수 있는 예외적인 예를 소개했다. 배가 난파하여 여러 사람이 무인도에 고립되었다고 가정한다. 그중 한 사람만 소금을 가지고 있는데 수량이 충분하지 않아 구조선이 올 때까지 소금을 아껴 써야 하는 상황이다. 이때 사람들의 소비량은 불가피하게 적을 것이며 한계 효용은 매우 클 것이다. 이와 같이 특수한 상황에서는 소금이 차에 비해 비쌀 수 있다.

〈그림 14〉

배가 난파하여 여러 사람이 무인도에 고립되었다고 하자. 한 사람만 소금을 가지고 있다면 구조선이 올 때까지 소금을 아껴 써야 한다. 이때 수량이 충분하지 않은 소금은 한계 효용이 클 것이다. 이런 특수 상황에서는 소금이 차에 비해 비쌀 수 있다.

4 적정한 소비 조합

마셜은 개별 상품의 구입에 관한 이론적인 설명을 확장하여 시장 가격이 정해지면 소비자가 어떻게 여러 개의 상품을 구입하는지를 보여준다. 물론 소비자는 구입한 개별 상품에서 각각 효용을 얻는다. 그는 최대의 효용을 얻기 위해 적절한 소비 조합으로 구입할 것이다.

만약 상품 x를 추가 구입하는 데 필요한 10원의 지출이 한계 효용 20원을 가져오고, 상품 y에 대한 20원의 추가 지출이 한계 효용 20원을 가져온다면 상품 y를 추가 구입하지 않을 것이다. 대신 상품 y가 한계 효용 40원을 가져온다면 상품 y를 추가 구입할 것이다. 이때 최적의 소비 조합이 이루어진다. 〈식 1〉에서 보듯 두 상품의 가격의 비율과 한계 효용의 비율은 같다.

$$\frac{x\text{의 가격}}{y\text{의 가격}} = \frac{\text{상품 }x\text{의 한계 효용}}{\text{상품 }y\text{의 한계 효용}} \qquad \langle\text{식 1}\rangle$$

이를 다음과 같이 다르게 표시할 수 있다. 각 상품에 대한 추가적인 동일 금액 지출이 동일한 한계 효용이 되도록 상품들을 구입하면 최적의 소비 조합이 된다. 즉 각 상품에 대한 추가적인 1원의 지출로 얻는 한계 효용이 동일해야 한다. 여기서 한계 효용 원칙이 다시 적용된다.

$$\frac{\text{상품 }x\text{의 한계 효용}}{x\text{의 가격}} = \frac{\text{상품 }y\text{의 한계 효용}}{y\text{의 가격}} \qquad \langle\text{식 2}\rangle$$

파레토의 무차별 곡선

04

빌프레도 파레토(1848~1923)는 1869년 이탈리아 토리노대학교에서 공학박사학위를 받았고 후일 경제학자가 되었다. 그는 마셜(1842~1924)과 거의 동년배의 경제학자이다. 1893년 레옹 발라의 뒤를 이어 스위스 로잔대학교의 경제학 교수가 되었다. 파레토는 경제학은 기본적으로 수리과학이라 하였고 로잔학파를 이끌었다. 파레토는 《정치경제의 매뉴얼》(1909)에서 통계, 적분 같은 수식, 그래프 등을 사용하였고 경제학을 발전시키는 데 기여하였다.

파레토는 처음에 마셜과 같이 기수적인(cardinal)인 실수 값을 갖는 효용함수를 사용하고 소비자의 수요를 설명했다. 1881년 에지워스의 경제학 책 《수리심리학》에 나오는 '에지워스 박스'에서 무차별 곡선이 소개된 뒤에 파레토는 효용함수를 포기하고 서수적인(ordinal)인 효용 접근법인 무차별 곡선을 사용하였다.

파레토는 이 책에서 소득과 가격에 의해 정해지는 제약함수와 무차별 곡선에 의해 대표되는 목적함수를 사용하여 소비 조합의 균형점을 찾는 과정을 설명하였다. 파레토의 연구는 힉스의 《가치와 자본》에 많은 영향을 끼쳤다.

무차별 곡선을 설명하기 전에 마셜이 사용한 효용함수에 대해 설명하겠다. 상품이 하나만 존재한다면 〈그림 15〉에서처럼 수평축에 상품 수량, 수직축에 누적 상품의 효용을 표시할 수 있다.

〈그림 15〉

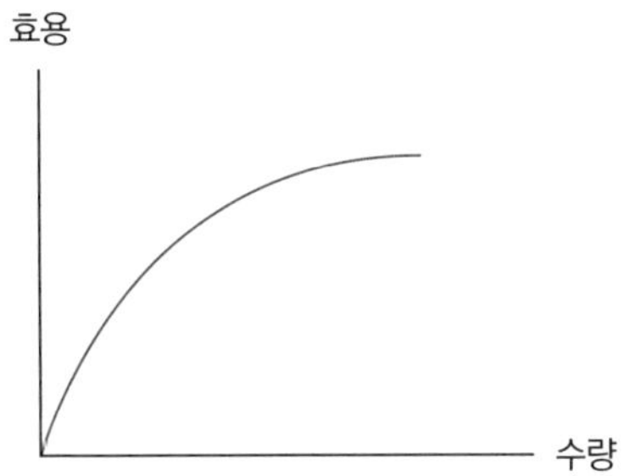

소비자가 두 개의 상품을 소비한다면 얻을 수 있는 효용을 〈그림 16〉에서와 같이 3차원 공간에서 보여 줄 수 있다. 우선 평면 공간의 X축에 상품 x의 수량, Y축에 상품 y의 수량을 표시한다. 평면 위의 소비 조합 (x, y)와 거기로부터 수직으로 올라간 효용 $u(x, y)$를 보여 주는 효용함수(utility function)를 얻는다. 결과적으로 평면에서의 상품 조합과 관련

〈그림 16〉

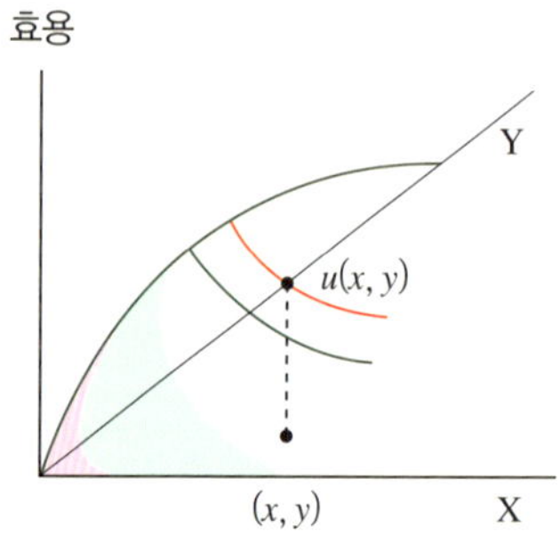

된 효용을 수직으로 연결하는 효용함수를 그릴 수 있다.

이렇게 3차원 공간에서 효용 표면을 그리기보다 동일한 정보를 제공하면서 평면 위에 그릴 수 있는 등고선 지도를 응용하면 평면에서 효용을 잘 설명할 수 있다. 등고선 지도는 높이가 동일한 표면들의 위치 (x, y, z)를 표시하는 방법이다. 높이 z가 같기 때문에 평면의 좌표 (x, y)만을 연결하여 등고선을 얻고 각 등고선의 높이를 숫자로 표시한다. 따라서 이 등고선을 평면상에서 표시할 수 있어 3차원 공간의 사용은 피할 수 있다.

〈그림 17〉

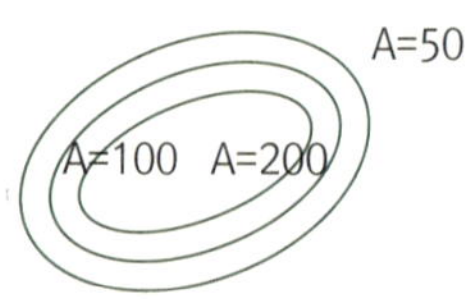

〈그림 16〉에서 효용함수의 그래프는 점 $(x, y, u(x, y))$로 표시했다. 동일한 $u(x, y)=c_1$의 값을 가진 소비 조합(x, y)를 연결하면 효용함수의 그래프에 있는 푸른 곡선을 얻을 수 있다. 마찬가지로 $u(x, y)=c_2$의 값을 가진 소비 조합 (x, y)를 연결하면 붉은색 곡선을 얻을 수 있다. 이 들 곡선은 수학적으로 효용함수의 효용 표면(utility surface)을 구성한다.

이들 효용 곡선들을 평면으로 투시하면 〈그림 18〉처럼 푸른 무차별 곡선 1과 붉은 무차별 곡선 2를 구할 수 있다. 이때 수평축은 상품 x, 수직축은 상품 y를 가리킨다. 이같이 등고선의 개념을 이용하면 효용이 동일한 두 상품의 조합을 연결하는 곡선, 즉 무차별 곡선들을 구할 수 있다.

무차별 곡선 1에 있는 소비 조합 p와 q는 동일한 효용을 가지고 있다. 소비 조합 p에서 상품 y의 소비를 줄이고 상품 x의 소비를 늘려서 q로

〈그림 18〉

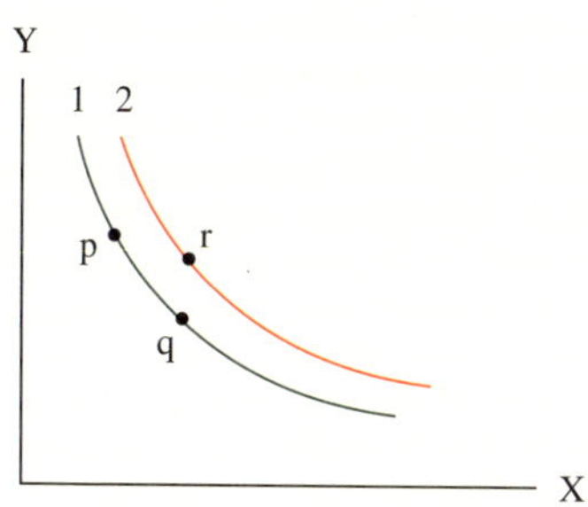

이동하면 동일한 효용을 갖는다. 무차별 곡선 1 위에 모든 소비 조합은 동일한 효용을 갖고 오른쪽으로 하강한다. 무차별 곡선들은 다음 두 성질을 만족한다.

먼저, 무차별 곡선 2는 무차별 곡선 1과 교차하지 않는다. 만약 〈그림 19〉에서 보듯 무차별 곡선 2가 무차별 곡선 1과 소비 조합 r에서 교차한다고 가정한다. 그때 두 무차별 곡선의 모든 소비 조합은 소비 조합 r과 동등하게 좋기 때문에 두 무차별 곡선은 동등한 선호를 갖는다. 따라서 무차별 곡선 1 위에 있는 소비 조합 p와 무차별 곡선 2 위에 있는 소비 조합 q은 동등하게 좋다. 하지만 소비 조합 q의 두 상품이 소비 조합 p보다 많기 때문에 소비자는 q를 p보다 좋아한다. 모순이 발생한다. 따라서 무차별 곡선들은 교차할 수 없다.

〈그림 19〉

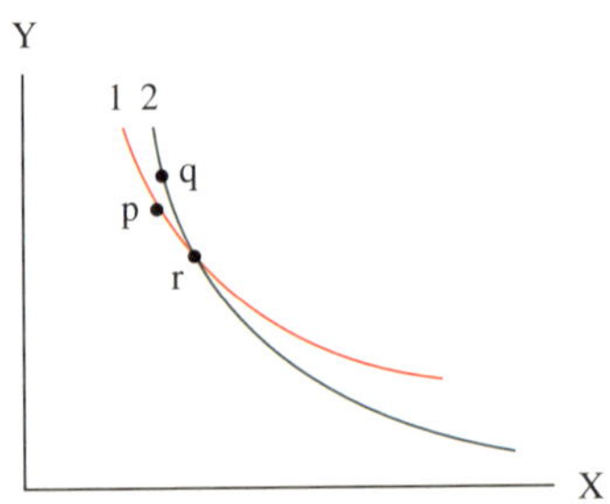

둘째, 무차별 곡선 2가 무차별 곡선 1보다 좋다면 교차하지 않지만 더 위에 위치한다. 무차별 곡선 2가 무차별 곡선 1보다 아래 있다고 가정한다. 〈그림 20〉에서 무차별 곡선 2에 있는 소비 조합 q의 두 상품의 수량은 무차별 곡선 1 위의 소비 조합 r보다 적다. 따라서 소비 조합 r은 소비 조합 q보다 좋다. 그러나 무차별 곡선 2가 무차별 곡선 1보다 좋기 때문에 소비 조합 q는 소비 조합 r보다 좋다. 모순이 발생한다. 그러므로 무차별 곡선 2는 무차별 곡선 1보다 위에 있어야 한다.

무차별 곡선과 등고선은 차이가 있다. 등고선은 실수 값을 갖는 특정 높이를 가지고 있으나 무차별 곡선은 특정 값을 갖는 것이 아니라 위에 있는 무차별 곡선이 아래에 있는 무차별 곡선보다 단순히 좋다는 순서만이 있을 뿐이다.

〈그림 20〉

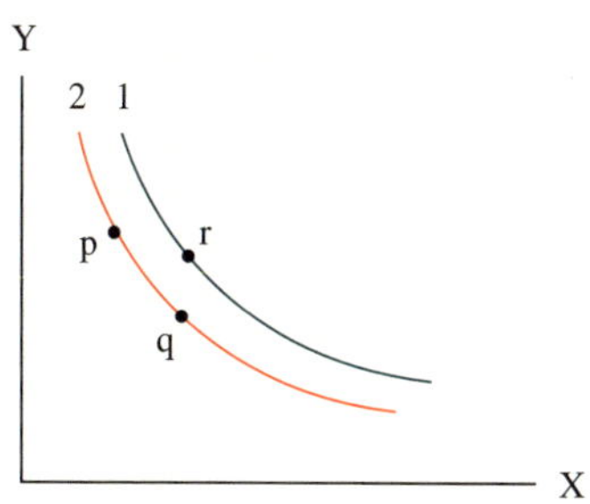

힉스의 소비자이론

05

1 힉스의 무차별 곡선

존 힉스(1904~1989)는 수학과 장학생으로 옥스퍼드대학교를 다녔고 후에 경제학으로 전공을 바꾸었다. 그는 일반균형 관점에서 소비자이론을 분석했으며 수요함수와 관련된 소비자 잉여를 소개하였다. 1939년 이러한 내용을 담은 경제학의 고전인 《가치와 자본(*Value and Capital*)》을 출간하였다.

이 책에서 힉스는 마셜이 상품에 대한 바람 혹은 욕망이라고 정의한 효용을 주관적이고 자의적인 용어라고 비판하였다. 따라서 이로부터 파생된 한계 효용과 한계 효용 체감의 법칙에 대해 회의적이었다. 여기서는 그 책에서 힉스가 마셜의 이론을 비판하며 제시한 소비자효용이론을 소개한다.

마셜은 뉴턴이 만유인력 법칙으로 행성의 운동을 설명한 것처럼 한계 효용 체감의 법칙을 이용하여 상품의 수요 곡선을 도출하고 궁극적으로 시장 가격이 어떻게 결정되는지를 설명하려고 했다. 반면 힉스는 마셜의 소비자이론과 수요이론의 근간이 되는 한계 효용과 한계 효용 체감의 법칙을 받아들이지 않았다.

힉스에게 무차별 곡선의 기울기는 중요한 의미를 가지고 있다. 무차별 곡선의 기울기는 동일한 효용을 유지하기 위해 감소하는 y의 소비량 Δy와 증가하는 x의 소비량 Δx의 비율 $\frac{\Delta y}{\Delta x}$이다. 즉 무차별 곡선의 기울기는 동일한 효용을 유지하면서 두 상품을 교환하는 한계 대체율(marginal rate of substitution)이다.

$$\text{무차별 곡선의 기울기} = \frac{\Delta y}{\Delta x} = \frac{\text{상품 } y\text{의 감소 수량}}{\text{상품 } x\text{의 증가 수량}} \qquad \text{〈식 3〉}$$

힉스가 정의한 이 같은 기울기를 마셜의 한계 효용의 용어를 사용해서 설명할 수 있다. y의 수량이 줄어들 때 감소하는 효용의 총계는 감소 수량 곱하기 한계 효용, 즉 $\Delta y \times$(y의 한계 효용)이다. x의 수량이 늘어날 때 증가하는 효용의 총계는 $\Delta x \times$(x의 한계 효용)이다. 무차별 곡선 위에서 효용이 동일하기 때문에 잃어버리는 효용과 새로 얻는 효용은 같아야 한다.

$$\Delta x \times x\text{의 한계 효용(새로 얻는)} = \Delta y \times y\text{의 한계 효용(잃어버린)}$$

$$\text{혹은 } \frac{\Delta y}{\Delta x} = \frac{x\text{의 한계 효용}}{y\text{의 한계 효용}} \qquad \langle\text{식 4}\rangle$$

따라서 무차별 곡선의 기울기 $\frac{\Delta y}{\Delta x}$는 두 상품의 한계 효용 비율과 같다. 이 기울기를 〈식 5〉와 같이 쓴다.

$$\text{무차별 곡선의 기울기} = \frac{\text{상품 } x\text{의 한계 효용}}{\text{상품 } y\text{의 한계 효용}} \qquad \langle\text{식 5}\rangle$$

힉스는 〈그림 21〉에서 보면 무차별 곡선을 따라 소비 조합이 p에서 q로 내려올 때 기울기가 감소한다고 주장하였다. 따라서 무차별 곡선은 원점에서 볼 때 볼록(convex)하다.

무차별 곡선의 기울기는 한계 대체율이기 때문에 힉스는 이를 '한계 대체율 체감의 법칙(the law of diminishing rate of marginal substitution)'이라고 하였다. 힉스가 그렇게 주장한 이유는 나중에 살피기로 하고, 우선 한계 대체율 체감의 법칙과 마셜의 한계 효용 체감의 법칙과의 관계를 보기로 한다.

힉스는 무차별 곡선의 기울기가 감소하는 것을(혹은 무차별 곡선이 볼록한 것을) 마셜의 한계 효용 체감과 연결해 다음과 같이 설명하였다. 앞서 힉스는 무차별 곡선의 점 p에서 기울기는 그 점의 상품 x와 상품 y의 한계 효용의 비율이라고 했다.

〈그림 21〉

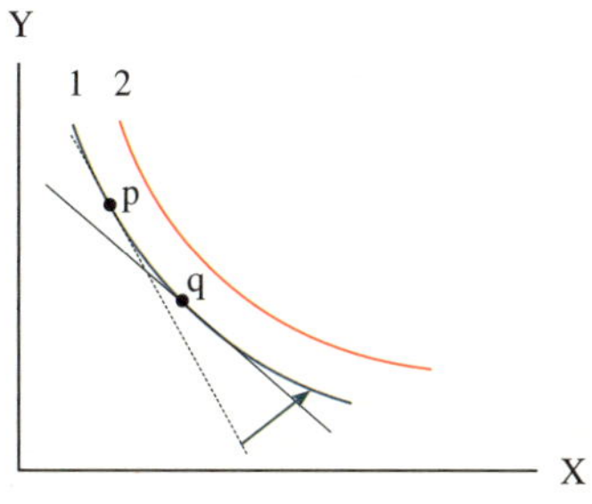

점 p에서 q로 이동할 때 상품 x는 수량이 증가하기 때문에 한계 효용 체감의 법칙에 따라 한계 효용이 감소한다. 반면 상품 y는 수량이 감소하기 때문에 한계 효용이 증가한다. 따라서 〈식 5〉에서 분자는 감소하고 분모는 증가하므로 무차별 곡선의 기울기는 감소한다. 그래서 마셜의 한계 효용 체감과 위에서 본 무차별 곡선 기울기의 감소는 같다고 할 수 있다.

2 최적 소비

힉스는 무차별 곡선을 사용하여 마셜이 보여 주지 못한 소비자이론에 관한 유용한 결과를 설명하였다. 소득 m과 상품 x와 y의 가격이 주어져 있다고 가정한다. 이때 힉스는 소비자가 구입할 수 있는 상품 x와

y의 최적 조합을 다음처럼 보여 준다.

먼저 가격선을 설명한다. 소득이 m이고 상품 x의 가격이 p_x, 상품 y의 가격이 p_y일 때 가격선은 〈식 6〉으로 표시된다.

$$p_x x + p_y y = m \qquad \text{〈식 6〉}$$

〈그림 22〉에서 가격선의 Y축 절편은 모든 소득으로 상품 y를 구입할 때 얻을 수 있는 수량이다. X축 절편은 모든 소득으로 상품 x를 구입할 때 수량이다. 이 가격선을 따라 소비자는 상품 x와 y의 수량을 구할 수 있다. 이 가격선을 〈식 7〉처럼 다시 쓸 수 있다.

$$y = -\frac{p_x}{p_y}x + m \qquad \text{〈식 7〉}$$

이때 가격선의 기울기는 〈식 8〉과 같다.

$$\text{가격선의 기울기} = \frac{\text{상품 } x\text{의 가격}}{\text{상품 } y\text{의 가격}} = \frac{p_x}{p_y} \qquad \text{〈식 8〉}$$

소비자의 수요 선택을 이해하기 위해 이 가격선의 기하학적 성질을 몇 가지 살펴보도록 한다. 먼저, 가격은 일정하고 소득 m이 증가하면 〈식 7〉에 따라 가격선은 동일한 기울기를 갖지만 바깥으로 이동하고 소

〈그림 22〉

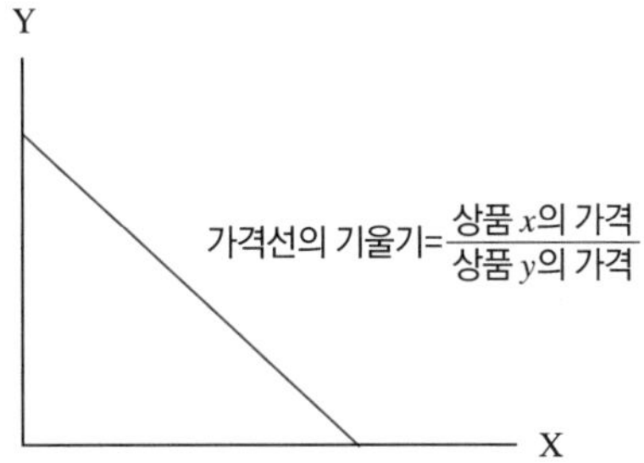

득이 줄어들면 안쪽으로 이동한다.

두 번째, 소득은 일정하고 상품 y의 가격은 고정됐지만 상품 x의 가격이 증가하면 〈식 7〉에 따라서 Y축 절편은 고정된 채 가격선 기울기 $\frac{p_x}{p_y}$는 커지고, 상품 x의 가격이 하락하면 가격선의 기울기는 작아진다.

〈그림 23〉

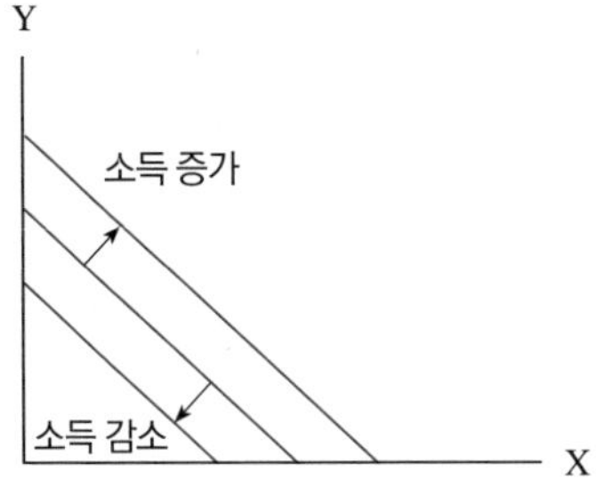

〈그림 24〉

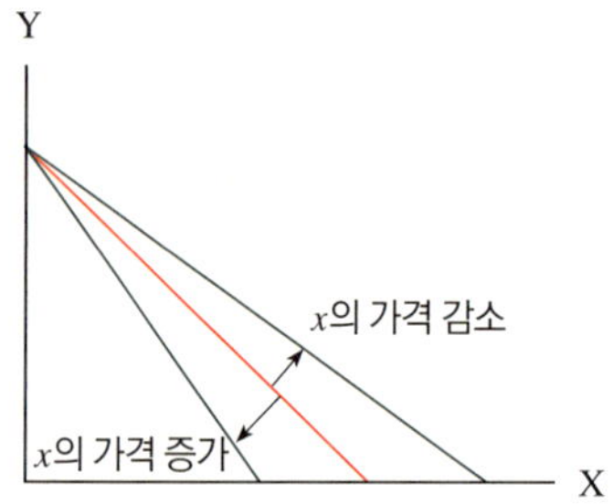

이제 주어진 소득과 가격 아래 최적의 소비 조합을 알기 위해 평면 공간에서 가격선과 무차별 곡선들을 중첩시킨다. 〈그림 25〉에서 보듯 맨 아래 무차별 곡선은 점 p에서 가격선을 절단하며 만난다. 이 점에서 최적의 소비는 일어나지 않는다. 왜냐하면 가격선을 따라 더 높은 무차별 곡선을 q에서 만날 수 있기 때문이다. 무차별 곡선은 볼록하고 가격선은 직선이어서 접점인 소비 조합 q가 한 군데에서 발생한다(이 점은 나중에 증명하도록 한다). q가 가격선 위에 있기 때문에 주어진 소득을 가지고 구입할 수 있다.

한편 더 높은 무차별 곡선은 주어진 가격선보다 높이 있어서 주어진 소득으로 그 곡선의 어느 소비 조합도 구입할 수 없다. 따라서 무차별 곡선은 가격선과 접하는 q에서 최적의 소비가 이루어진다. 또는 소비자가 다른 소비 조합을 선택한다면 최적이 아니거나 구입할 수 없으

〈그림 25〉

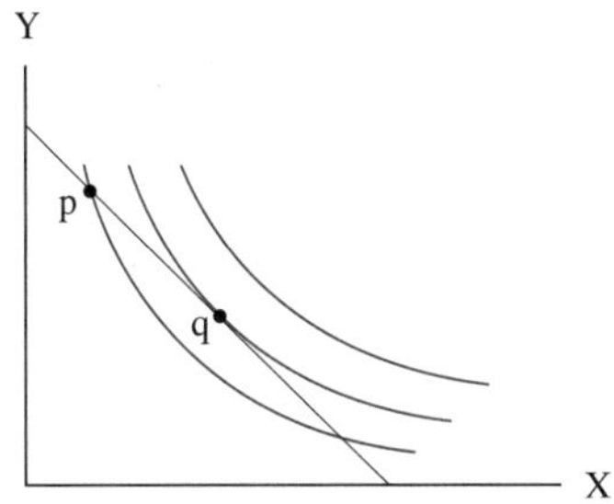

므로 그 점은 유지될 수 없다. 이에 힉스는 이 최적 소비 조합을 균형점(equilibrium)이라고 한다.

힉스의 최적의 소비 결정을 요약하면 다음과 같다. 즉 소비자는 가격선과 무차별 곡선이 접하는 점을 선택해 최적의 소비 조합을 얻을 수 있다. 이 접점에서 가격선의 기울기와 무차별 곡선의 기울기는 동일하다.

$$\left(\text{가격선의 기울기} = \frac{\text{상품 } x\text{의 가격}}{\text{상품 } y\text{의 가격}}\right)$$
$$= \left(\text{무차별 곡선의 기울기} = \frac{\text{상품 } x\text{의 한계 효용}}{\text{상품 } y\text{의 한계 효용}}\right) \qquad \text{〈식 9〉}$$

다시 마셜의 한계 효용으로 돌아간다. 마셜 역시 〈식 1〉에서 보듯 가격의 비율과 한계 효용의 비율이 같을 때 최적의 소비가 이루어진다고 설명하였다. 반면 힉스는 가격선의 기울기와 무차별 곡선의 기울기가 같을 때 최적의 소비가 이루어진다고 했다. 〈식 9〉에서처럼 한계 효용의 비율과 무차별 곡선의 기울기가 같기 때문에 마셜과 힉스의 주장은 동일한 것이다.

힉스는 파레토의 무차별 곡선과 마셜의 효용함수를 다음과 같이 비교한다. 마셜은 최적의 소비 결정을 위해 실수 값을 갖는 효용함수를 알아야 한다고 했고, 파레토는 동일한 선호를 갖는 상품의 조합, 즉 무차별 곡선을 알면 된다고 했다. 그리고 각각의 무차별 곡선은 실수 값을 갖는 것이 아니라 다만 순서만 있을 뿐이라고 했다.

힉스는 소비자가 최적 소비 조합을 선택하는 것을 설명하기 위해 무차별 곡선과 그 기울기를 소개하였다. 무차별 곡선의 기울기는 두 상품의 한계 대체율이라고 했다. 이 비율은 동일한 선호를 유지하기 위해 포기하는 상품 y의 수량 대신 새로 얻어야 하는 상품 x의 수량 비율 $\frac{\Delta y}{\Delta x} = \frac{\text{상품 } y\text{의 감소 수량}}{\text{상품 } x\text{의 증가 수량}}$을 말한다. 이 개념은 마셜이 이용한 효용과는 어떤 관계도 없다.

무차별 곡선이 원점에서 볼 때 볼록하기 때문에 곡선의 기울기는 감소한다. 힉스는 곡선의 기울기를 한계 대체율이라 했기 때문에 이는 '한계 대체율 체감의 법칙'이라고 불렀다. 힉스는 경제가 균형을 이루기 위해서 한계 대체율의 체감의 법칙이 왜 필요한지를 다음처럼 설명하였다.

만약 한계 대체율이 체증(increasing)한다면 〈그림 26〉에서처럼 무차별 곡선은 원점에서 보면 오목(concave)할 것이다. 그때 소비가 가격선과 무차별 곡선의 접점 *p*에서 결정된다면 사실 주어진 소득 아래 최악의 소비 결정이 이루어진다.

점 *p*에서 가격선을 따라 위로 움직이면 더 높은 무차별 곡선의 점 *q*에 도달할 수 있다. 힉스는 그렇게 가격선을 따라 더 이동하면 더 높은 무차별 곡선에 갈 수 있어 결국 적절한 소비점을 찾을 수 없다고 여겼다. 즉 무차별 곡선의 기울기가 증가하거나 한계 대체율이 체증한다면 최적의 소비 조합을 구할 수 없어 균형이 이루어지지 않는다고 했다.

힉스는 최적의 소비가 이루어지기 위해서 혹은 소비 선택에서 균형이 이루어지기 위해서 가격선과 무차별 곡선이 만나는 점에서 무차별

〈그림 26〉

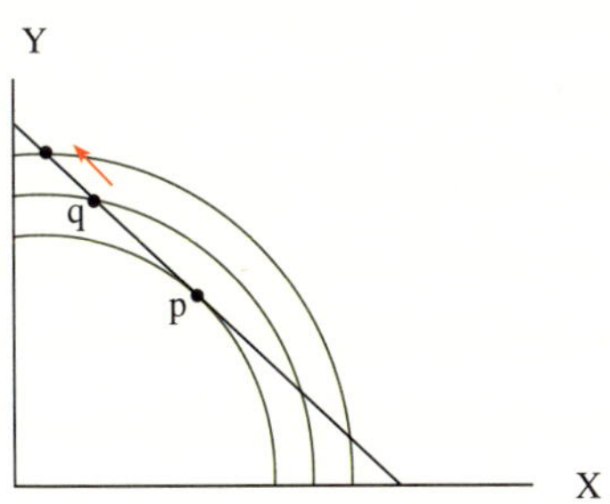

곡선이 반드시 볼록해야 한다고 주장했다. 즉 다른 말로 하면 한계 대체율이 체감해야 한다는 것이다.

마셜은 한계 효용 체감의 법칙이 인간의 본성에서 평균적으로 유래된다며 일상의 사례를 근거로 댔다. 이처럼 마셜은 경험적이고 주관적인 관점에서 한계 효용 체감을 법칙으로 제시하고 그 위에 수요 곡선, 소비재 결정 등 소비자이론을 진행했다.

반면 힉스는 수요 수량이 정해지고 그 점이 균형점이 되기 위해서는 한계 대체율이 체감해야 한다고 주장했다. 만약 한계 대체율이 체감하지 않으면 우리는 수요를 정하지 못해 상품이 거래되는 시장이 사라지는 모순에 봉착한다. 힉스의 한계 대체율 체감에 대한 주장은 경제이론의 관점에서 바라보면 마셜의 주관적인 한계 효용 체감보다 더 정당화될 수 있다.

3 소득 효과

마셜은 각 파운드의 한계 효용을 동일하다고 가정하였다. 소득 1천 파운드에서 추가적인 1파운드의 한계 효용과 소득 1만 파운드에서 추가적인 1파운드의 한계 효용이 같다는 의미이다. 따라서 마셜은 소비자의 소득 수준을 고려하지 않고 상품의 가격과 소비자의 한계 효용만을 고려하여 소비 수량을 구했다.

이 같은 가정 위에 앞에서 마셜이 예로 든 차의 수요가 어떻게 결정되는지 다시 살펴보자. 차의 가격이 3실링이므로 돈 3실링을 지급하고 차 1파운드를 구입한다. 돈의 한계 효용이 1실링으로 일정하기 때문에 돈 3실링을 지급하면 한계 효용 3실링을 포기하는 것이다.

소비자가 한계 효용이 3실링이 되는 9파운드 번째 차 1파운드를 구입하면 최적 소비가 이루어진다. 만약 소비자가 차 10파운드를 구입하면 한계 효용 체감의 법칙에 따라 마지막 추가적인 차의 한계 효용은 2실링이 된다. 소비자가 추가적인 차 1파운드를 구입할 때 3파운드를 지급하여 한계 효용 3실링을 손해 보기에 이는 적정한 소비가 아니다.

한편 차 가격이 3실링에서 2실링으로 하락한 경우 한계 효용이 2실링이 되는 10파운드 번째 차 1파운드를 구입하면 최적 소비가 이루어진다. 이처럼 마셜은 돈의 한계 효용이 일정하다고 가정할 때 차 가격이 내리면 구입량이 증가하는 것을 보여 주었다. 마셜은 각 개인의 차의 수요를 분석할 때 소득을 명시적으로 고려하지 않았다.

한편 힉스는 마셜의 소비자이론이 소득에 관계없이 돈의 한계 효용이 일정하다고 가정했다고 비판했다. 힉스는 마셜과는 달리 소득이 변할 때 소비가 어떻게 변하는지 〈그림 27〉에서 보여 주었다. 먼저 가격선과 무차별 곡선이 접하는 소비점 p에서 적정 소비가 이루어진다.

이때 소득 m이 증가하고 가격이 일정하다고 한다. 〈식 7〉에 따르면 가격선의 기울기 $\frac{p_x}{p_y}$가 변하지 않았기 때문에 가격선이 위로 평행하게 상승하고 새로운 가격선이 만들어진다. 새로운 가격선은 더 높은 곳 q에서 무차별 곡선과 접하고 거기서 최적 소비가 이루어진다. 소득이 증가할 때 가격이 변하지 않더라도 두 상품 x, y를 모두 더 구입한다. 이들 두 상품을 정상재(normal good)라고 한다.

〈그림 27〉

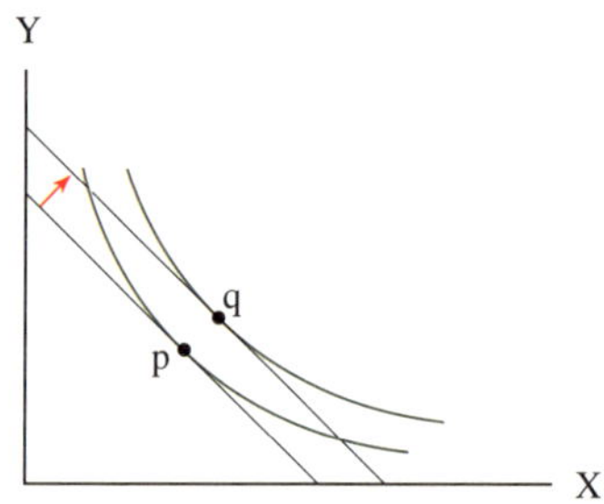

한편 〈그림 28〉에서 보듯 소득이 증가할 때 소비점이 p에서 q로 변한다. 물론 소득 증가에 따라 더 높은 효용을 달성할 수 있다. 하지만 이때 상품 x의 수량은 증가하지만 상품 y의 수량은 오히려 감소한다. 이렇게 가격이 변하지 않더라도 소득이 증가하면 소비자가 구입을 줄이는 상품도 있다. 이들 상품을 열등재(inferior good)라고 한다.

소득이 증가하면 두 상품의 가격이 변하지 않더라도 소비자는 저렴한 마가린의 소비를 줄이고 비싼 버터의 소비를 늘린다. 그래서 마가린

〈그림 28〉

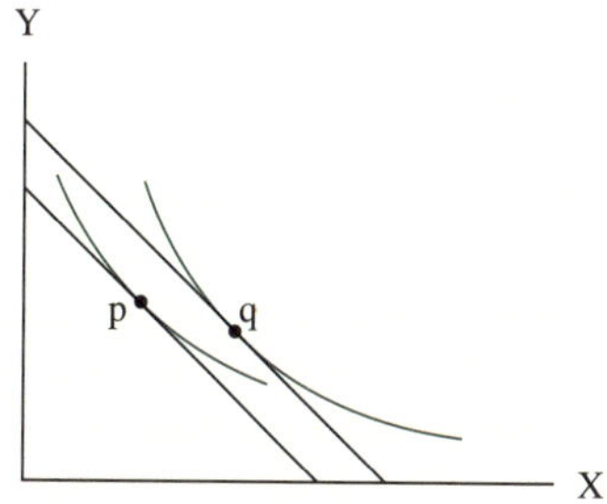

〈그림 29〉

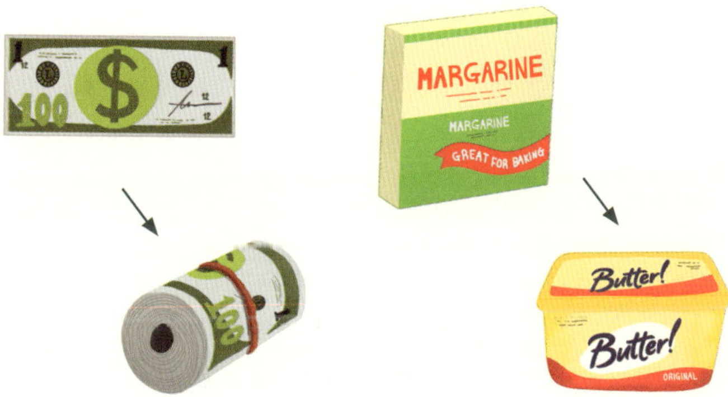

소득이 증가하면 두 상품의 가격이 변하지 않더라도 소비자는 저렴한 마가린의 소비를 줄이고 비싼 버터의 소비를 늘린다. 마가린은 열등재, 버터는 정상재가 된다.

은 열등재, 버터는 정상재가 된다. 반면 〈식 1〉에 따르면 마셜의 두 상품의 수요는 소득에 영향을 받지 않는다. 힉스는 이 점을 비판하였다.

4 가격 변화로 인한 대체 효과와 소득 효과

마셜은 상품 x의 가격이 변할 때 그 수량이 어떻게 변하는지에 관심이 있었다. 한편 힉스는 상품 x의 가격이 상승하면 소비자가 어떻게 상품 x와 다른 상품 y의 수량을 변화시키는지를 무차별 곡선을 사용하여 보여 주었다. 이때 상품 x의 수량 변화를 두 가지 효과로 설명하였다.

〈그림 30〉에서 보듯 상품 x의 가격이 상승하기 전에 낮은 기울기 $\frac{p_x}{p_y}$를 가진 가격선 1이 적용되어 최적 소비점은 p가 된다. 상품 x의 가격이 상승하면 기울기가 큰 가격선 2가 적용되어 최적 소비점은 아래에 있는 무차별 곡선의 q'에서 이루어진다.

〈그림 30〉

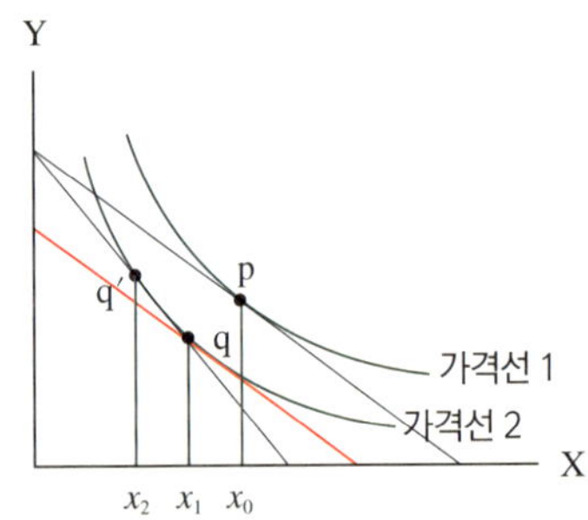

상품 x의 가격이 상승하면 상품 x의 수량이 x_0에서 x_2로 감소한다. 힉스는 수량 감소가 두 개의 효과에 의해 일어났다고 보여 주었다. 먼저 소비 조합 p와 소비 조합 q는 동일한 기울기를 가진 가격선 위에 있다.

따라서 상품 x와 상품 y의 가격은 이전과 동일하다. 다만 소득이 감소하여 가격선이 이전보다 안쪽에 있다. 가격은 동일하고 소득이 감소할 때 소비점은 q가 된다 따라서 x_0과 x_1의 차이는 소득 감소로 일어났다. 힉스는 수량 차이를 소득 효과(income effect)라고 했다.

반면 소비 조합 q'와 소비 조합 q는 동일한 무차별 곡선 위에 있지만 기울기가 다른 가격선 위에 있다. 즉 소비 조합 q'는 상품 x의 가격이 상대적으로 비쌀 때 동일한 효용을 유지하기 위해 x의 수량을 줄이고 y 수량을 늘리는 것이다. 따라서 x_1과 x_2의 차이는 상품 x의 가격 인상으로 일어났다. 이를 대체 효과(substitution effect)라고 한다.

힉스는 러시아 수학자 예브게니 슬루츠키(Евгений Слуцкий)의 이론을 이용하여 상품 x의 소비 감소를 소득 효과와 대체 효과로 구분하였다(뒤에서 이에 관한 이론을 살펴보도록 한다). x의 가격이 상승하면 소비자는 상품 x의 구입량을 줄이고 y의 구입량을 늘리지만 가격 상승이 소득을 감소시키기 때문에 추가적으로 x의 구입량을 줄인다. 사실 x의 가격이 상승하면 가격 상승분과 수량을 곱한 금액만큼 소득은 감소한다.

마셜은 소득 변화를 고려하지 않고 상품 x의 가격 변화에 따른 x의 수량 변화만 보았다. 반면 힉스가 상품 x의 가격 상승으로 일어나는 상품 x와 y의 대체와 가격 상승이 유발하는 소득 효과에 따른 상품 x의 수요 변화를 분석한 것은 상당한 이론적인 진전이다. 이 내용을 현대경제학을 다루는 다음 장에서 수학적으로 자세히 다루기로 한다.

가격 인상에 의한 수량 변화 = 대체 효과 + 소득 효과

특별히 소득 효과는 기펜재(Giffen goods)를 설명한다. 기펜재는 스코틀랜드 경제학자 로버트 기펜(Robert Giffen)이 처음 소개하였으며 마셜이 원론에서 이를 다루었다. 일반적인 상품은 가격이 오르면 소비가 줄어드는 수요 법칙(the law of demand)이 적용된다. 하지만 기펜재의 경우 가격이 오를 때 오히려 소비가 늘어난다.

기펜재의 예로, 1847년 전후 아일랜드에서 100만 명이 아사한 대기근이 왔을 때 감자 소비를 들 수 있다. 당시 저소득 가계는 값이 싼 감자를 주식으로 삼고 비싼 다른 곡물과 육류는 조금만 소비할 수밖에 없었다. 한편 감자와 같이 주식으로 쓸 수 있는 싼 다른 식품, 즉 대체재는 거의 없었다. 소득이 증가하면 가계는 감자의 소비를 줄이고 대신 비싸지만 좋아하는 다른 식량을 구입하기 때문에 감자는 열등재이다.

그런데 1847년 감자가 병이 들어 생산량이 급감하고 값이 매우 올랐다. 감자는 대체재가 거의 없었기에 가격이 올랐어도 다른 값이 싼 식품을 구입할 방도가 없었다. 저소득 가계의 주식인 감자 가격의 인상은 가계의 실질적인 소득을 상당히 감소시켰다. 소득이 현저히 감소한 상황에서 일부 구입하던 비싼 다른 식품 구입은 줄이고 이를 보충하기 위해 가격이 올랐음에도 불구하고 열등재인 감자 소비를 늘릴 수밖에 없었다.

〈그림 31〉

아일랜드에 대기근이 닥친 1847년 저소득 가계는 주식이던 감자가 생산량 급감으로 가격이 크게 올랐음에도 대체재가 없어 소비를 늘릴 수밖에 없었다. 이는 가격이 오를 때 오히려 소비가 늘어나는 기펜재를 설명하기에 적합한 사례이다.

기펜재를 설명하는 〈그림 32〉를 보자. 감자와 다른 식품만 고려하면 수평축은 감자, 수직축은 감자의 대체재인 농산물과 육류 등 식품이다. 저소득 가계에게 감자는 주식이고 타 식품의 소비가 적기 때문에 무차별 곡선은 가격선과 만나는 소비 조합 a에서 주로 감자가 구입된다. 감자 가격이 인상되면 가격선의 기울기가 커지고 새로운 소비점은 b에서 이루어진다. 감자 가격이 인상되면 소득이 줄고 그 효과가 매우 커서 비싼 다른 식품의 소비는 줄고 오히려 열등재인 감자의 소비는 증가한다.

〈그림 32〉

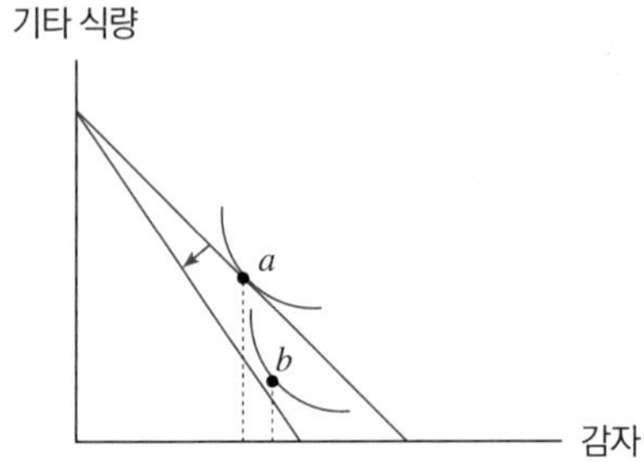

5 힉스의 소비자 잉여

힉스는 마셜이 상품 x의 가격이 하락할 때 x의 소비에만 일어나는 소비자 잉여만 고려했다고 비판하였다. 소비자가 가격이 2실링일 때 오렌지 여섯 개를 소비하고 있다고 가정한다. 마셜은 오렌지 가격이 2실링에서 1실링으로 떨어지면 직접적으로 오렌지 여섯 개를 구입할 때 6실링이 절약되어 소비자 잉여가 6실링이 발생한다고 보았다.

반면 힉스는 소득이 6실링 줄어들더라도 오렌지 가격이 1실링 하락했기 때문에 이전과 같이 오렌지 여섯 개와 다른 상품을 똑같이 구입하여 최소한 이전과 같은 효용을 얻을 수 있고 더 나아가 소비 조합을 변경시키면 더 큰 만족을 얻을 수 있다고 주장하였다. 따라서 오렌지 가격 인하로 발생하는 소비자 잉여는 6실링보다 클 수 있다고 주장하였다.

이러한 힉스의 주장을 〈그림 33〉과 같이 설명할 수 있다. *X*축은 오렌지이고 *Y*축은 오렌지를 제외한 타 상품이다. 오렌지 가격이 하락하기 전에 가격선인 붉은 직선 4와 무차별 곡선 A가 접하는 점 *r*에서 적정한 소비가 이루어진다.

이제 오렌지 가격 p_x가 1실링 하락했다. 그러면 가격선의 기울기가 $\frac{p_x}{p_y}$이므로 가격선은 붉은 직선 4에서 직선 1로 변해 기울기가 감소한다. 그리고 소득이 6실링 줄어든다면 새 기울기를 가진 가격선이 안쪽으로 이동하여 직선 3이 된다. 이때 무차별 곡선 B가 접하는 점 *p*에서 적정한 소비가 이루어진다.

이 경우 비록 소득이 6실링 감소한 결과로 타 상품의 소비가 줄었지만 값이 싼 오렌지의 소비는 충분히 늘어 이전보다 소비점이 무차별 곡

〈그림 33〉

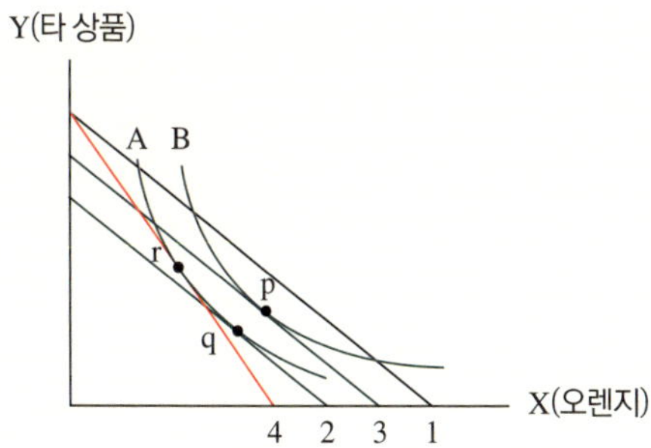

선 A보다 높은 무차별 곡선 B에 있는 것을 볼 수 있다. 따라서 오렌지 가격의 인하는 6실링보다 더 큰 소비자 잉여를 가져올 수 있다.

소득을 더 줄인다면 가격선은 직선 2가 된다. 소비자는 가격선 2와 이전의 무차별 곡선 A를 접하는 새로운 소비 조합 *q*를 선택하고 이전 소비 조합 *r*과 동등한 만족도를 얻는다. 이 정도 줄어든 소득 혹은 가격선 1과 가격선 2의 차이만큼 발생한 소득 감소액을 보상 변이(compensating variation)라고 한다. 이때 줄어든 소득은 당연히 6실링 이상이고 힉스는 이 금액을 오렌지 가격 하락으로 발생하는 소비자 잉여라고 하였다.

이처럼 오렌지 가격 인하로 나타나는 힉스의 소비자 잉여는 대체 효과를 고려하기 때문에 마셜의 잉여보다 크다. 힉스의 소비자 잉여, 특히 보상 변이는 공공재 가치 평가에서 사용된다.

소비자 효용이론과 공공재의 가치

CONSUMER UTILITY AND VALUE OF PUBLIC GOODS

현대경제학의

소 비 자

효 용 이 론

2

선호의 공리

01

1 현대경제학에서 수학의 역할

마셜과 힉스의 소비자이론은 기하학적인 직관만 가지고 있으면 이해할 수 있다. 반면 현대경제학의 소비자이론은 수학에 대한 지식을 필요로 한다. 즉 경제학에 대한 이론을 도출할 때 수학적 전개가 진행된다. 이들 수학 내용과 수학적 증명은 부록에서 보여 준다.

현대경제학에서 수학적 개념인 미분 가능한 효용함수는 중요한 역할을 한다. 이 미분 가능한 효용함수의 바탕 위에 수요함수를 도출할 수 있다. 이 수요함수는 다시 미분이 가능하다. 수요함수의 미분 가능성을 이용해 유용한 소비자이론을 전개할 수 있다. 이러한 소비자이론의 바탕 위에 공공재의 공급과 가치를 측정할 수 있다.

이 책에서는 소비자이론을 전개하기 위해 불가피하게 고급 수학 이론들이 사용된다. 독자가 쉽게 접근하도록 소비자이론을 평면 공간에서 기하학적으로 설명하여 직관적인 이해를 돕고, 복잡한 수학 내용은 부록에서 따로 다룬다.

2 공리주의 접근법

마셜 경제학은 벤담의 공리주의 전통에 따라 특정 소비 조합이 가져오는 만족을 실수로 표시할 수 있고 관련된 효용함수를 사용할 수 있다고 보았다. 반면 힉스는 효용이 주관적 개념이라고 주장하고 효용함수를 반대하였다.

한편 현대경제학은 효용함수의 주관적인 접근법에서 벗어나 합리적이고 자명한 선호에 관한 성질을 받아들이고 이를 공리라고 정의하였고 이 공리 위에서 선호와 일치하는 효용함수를 도출하였다. 따라서 효용함수는 힉스가 비판한 것처럼 주관적인 것이 아니고 소비자의 만족감을 측정할 수 있는 이론적인 함수이다.

힉스는 저서 초반에 마셜의 효용은 주관적인 개념이라면서 그에 기반한 소비자 경제이론을 비판하였다. 하지만 수학자이자 경제학자인 제라드 드브뢰(Gerard Debreu)는 프랑스의 부르바키(Bourbaki) 수학 그룹의 전통인 공리주의 접근(axiomatic approach)법에 따라 효용과 효용함수이론을 전개하였다. 그 결과 효용과 효용함수는 다시 소비자효용이론에서 중요하게 사용될 수 있었다.

이 공리주의 방법론의 특징은 모든 주관적인 용어와 주장을 배제하고 고대 그리스 수학자 유클리드의 기하학(Elements)의 전통으로 돌아가 자명한 공리에 기반해 소비자효용이론을 수학적으로 엄밀하게 전개하는 것이다.

유클리드 기하학은 인간이 받아들일 수 있는 자명한 사실만 공리(axiom)로 정하고 논리적인 전개에 따라 우리가 자연스럽게 알고 있는 기하학적인 사실들을 증명하는 것이다. 예를 들어 삼각형 내각의 합이 180도라는 것은 그 자체가 진실이 아니고 공리에 의해 증명되어야 한다. 이러한 공리주의에 바탕을 둔 소비자효용이론을 살펴보기로 한다.

3 선호에 관한 공리

선호에 관한 공리를 생활 속에서 쉽게 볼 수 있는 예를 들어 설명하겠다. 우선 사과, 바나나, 오렌지만으로 구성된 상품들만 고려한다. 이때 두 개의 상품 조합이 주어지면 우리는 이들을 비교하여 한쪽이 다른 쪽보다 좋다거나 똑같이 좋다고 할 수 있다. 즉 두 개의 상품 조합 가운데 어느 쪽이 좋은지 모르는 경우가 발생하지 않는다. 이를 선호의 완전성(completeness)이라고 한다.

〈그림 34〉에서 보듯 사과 두 개와 오렌지 한 개는 사과 두 개와 바나나 한 개보다 좋다. 또 다른 두 개의 상품 조합에 대한 선호를 고려해 보

〈그림 34〉

자. 사과 두 개와 바나나 한 개는 사과 한 개와 바나나 두 개보다 좋다. 이처럼 사과, 바나나, 오렌지가 어떤 조합으로 이루어지든 우리는 이들을 비교하여 어느 것이 좋은지 알 수 있다.

이 같은 두 번의 비교가 주어지면 우리는 상품 조합에 대한 선호에서 일관성을 갖기 때문에 〈그림 35〉처럼 사과 두 개와 오렌지 한 개는 사과 한 개와 바나나 두 개보다 좋다고 본다. 이를 선호의 이전성(transitivity)이라고 한다

〈그림 35〉

모든 상품은 가치가 있기 때문에 〈그림 36〉에서처럼 당연히 사과 두 개와 오렌지 한 개는 사과 한 개와 오렌지 한 개보다 좋다. 이를 선호의

〈그림 36〉

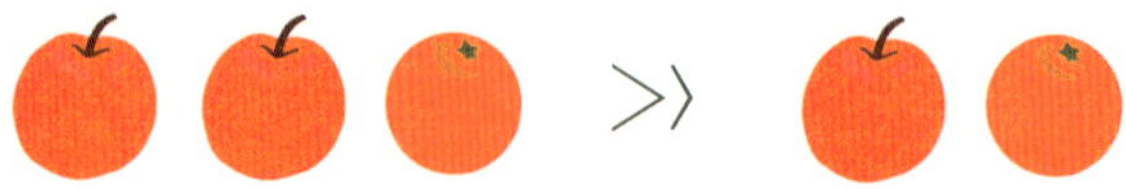

단조성(monotonicity)이라고 한다.

드르뢰는 상품의 조합에 관한 선호에서 이와 같은 상식적인 성질을 해석학의 이론 관점으로 설명한다. 다음에 나오는 설명을 이해하는 데 필요한 수학은 '부록 1'에 정리해 두었다.

상품이 n개라면 $x=(x_1, x_2, \cdots, x_n)$이라는 소비 조합은 벡터로 표시된다. 여기서 x_1은 첫 번째 상품의 수량이다. 이들 각 상품은 $x_i \geq 0$이므로 이들 소비 조합은 비음수의 n차 실수 공간 R_n^+에 있다. 〈그림 37〉은 두 상품의 공간 R_2^+이다.

〈그림 37〉

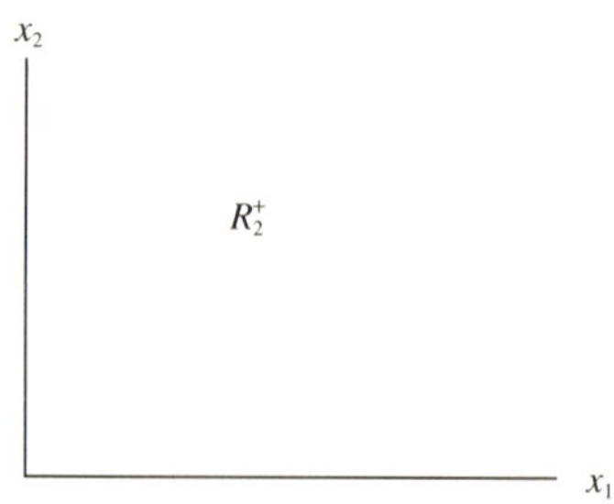

드르뢰는 소비자가 R_n^+에 있는 두 개의 소비 조합 $x=(x_1, x_2, \cdots, x_n)$과 $y=(y_1, y_2, \cdots, y_n)$ 가운데 무엇이 좋은지 알 수 있다고 가정하였다. 이때 세 가지 경우가 발생한다. 먼저 $x=(x_1, x_2, \cdots, x_n)$가 $y=(y_1, y_2, \cdots, y_n)$보다 좋다. x는 y보다 좋다는 것을 $x \succ y$로 표시한다. 다음 경우는 $y=(y_1, y_2, \cdots, y_n)$이 $x=(x_1, x_2, \cdots, x_n)$보다 좋다. 즉 $y \succ x$이다. 마지막으로 두 개가 동일한 만족감을 준다. 이를 $x=(x_1, x_2, \cdots, x_n) \sim y=(y_1, y_2, \cdots, y_n)$과 같이 표시한다.

선호에 관한 또 다른 부호 $x \succcurlyeq y$를 다음처럼 정의한다. $x \succcurlyeq y$는 $x \succ y$ 혹은 $x \sim y$이다. 즉 $x \succcurlyeq y$는 x가 최소한 y만큼 좋다는 것을 의미한다. 그리고 $x \succcurlyeq y$, $y \succcurlyeq x$이면 $x \sim y$이다. 즉 x와 y는 똑같이 좋다.

소비자가 소비 조합이 주는 만족감에 대한 소비 경험과 지적 능력이 있다면 당연히 두 소비 조합 x와 y의 만족감을 비교할 수 있다. 즉 소비 조합 x와 y가 주어지면 x가 최소한 y만큼 좋거나 혹은 y가 최소한 x만큼 좋다. 드르뢰는 선호에 관한 이 같은 성질을 당연한 것으로 여기고 이를 공리로 제시하였다. 이처럼 소비자가 두 소비 조합 x와 y에 대해 명확한 선호를 갖는 성질을 완전성(completeness)이라고 한다.

완전성: $x, y \epsilon X, x \succcurlyeq y, y \succcurlyeq x$

소비자가 소비 조합들에 관해 갖는 선호는 일관성을 유지한다는 것이다. 즉 소비 조합 x가 최소한 y만큼 좋다면, 그리고 소비 조합 y가 z만큼 최소한 좋다면 x는 최소한 z만큼 좋다는 것을 의미한다. 이러한 선호의 일관성을 이전성(transitivity)이라고 한다.

이전성: $x, y, z \in X$, $x \succsim y$, $y \succsim z$이면 $x \succsim z$

이 선호의 성질 이외에 선호에 관한 몇 개의 공리가 더 있다. $x = (x_1, x_2, \cdots, x_n) \geq y = (y_1, y_2, \cdots, y_n)$이면 소비 조합 x의 모든 개별 상품이 y의 모든 개별 상품의 수량보다 최소한 많다는 것이다. 그리고 $x \neq y$이기 때문에 소비 조합 x의 어떤 상품의 수량이 y의 어떤 상품의 수량보다 많다는 것이다. 예를 들면 $x_1 > y_1$이다. 이때 더 많은 상품이 더 큰 만족을 가져오므로 소비 조합 x가 y보다 좋다. 즉 $x \succ y$. 이러한 선호의 성질을 강한 단조성(strong monotonicity)이라고 한다.

강한 단조성: $x \geq y$이고 $x \neq y$이면 $x \succ y$

선호의 또 다른 성질은 갑자기 변하지 않는다는 것이다. 소비 조합들이 수열 $\{x_n\}$을 이루고 그 극한이 x이다. 모든 x_n이 최소한 소비 조합 y만큼 좋다면, 즉 $x_n \succsim y$이면, 그 극한 x도 최소한 y만큼 좋다는 것이다. 즉 $x \succsim y$이다. 이 같은 선호의 성질을 연속성(continuity)이라고 한다. 이를 수학적으로 다음과 같이 표시한다(부록 1 참조).

연속성: $A = \{x : x \succcurlyeq y\}$는 닫혀 있다(closed)

먼저 〈그림 38〉의 집합 $A = \{x : x \succcurlyeq y\}$는 최소한 y만큼 효용을 갖는 소비 조합이고 붉은색을 칠한 면적이다. 이 면적의 경계(frontier)의 소비 조합들은 y와 동일한 효용을 갖는다. 경계는 소비 조합의 집합인 효용 표면 혹은 2차원 공간에서 무차별 곡선이다. 수열 $\{x_n\}$의 각 항 x_n은 A에 속한다. 이때 $\{x_n\}$의 극한 x는 경계에 있기 때문에 $x \sim y$이고 $x \in A$이다. 그러므로 $A = \{x : x \succcurlyeq y\}$는 닫혀 있다.

마지막 선호에 관한 성질은, 소비자는 극단의 소비 조합보다 균형된 소비 조합을 좋아한다는 것이다. 이를 가리켜 '선호가 강한 준볼록하다'고 한다.

〈그림 38〉

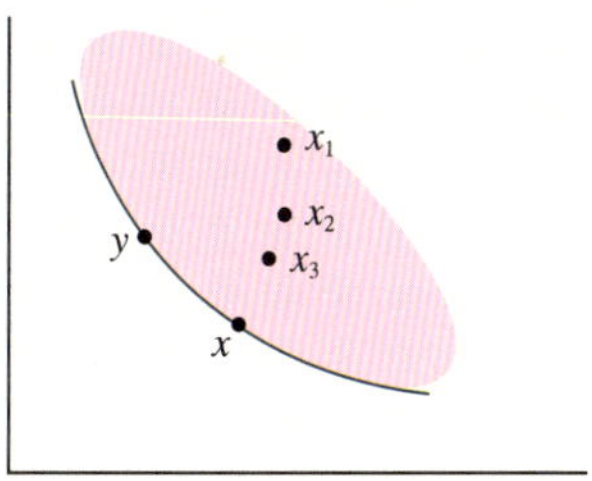

강한 준볼록성: 소비 조합 x_1, x_2가 집합 $A=\{x:x \succcurlyeq y\}$에 있고, $x_1 \sim y$, $x_2 \sim y$이면, 즉 x_1과 x_2는 집합 A의 경계면에 있다면, 두 소비 조합의 균형 조합 $z=\alpha x_1+(1-\alpha)x_2$는 y보다 좋다. $x_1+(1-\alpha)x_2 \succ y, 0<\alpha<1$.

이를 〈그림 39〉에서 보면 x_1, x_2는 집합 A의 경계선에 있고 그것의 균형 조합 z는 경계선 안쪽에 있으므로 선호의 강한 단조성에 의해 y보다 좋다. z는 x_1 혹은 x_2보다 좋다.

〈그림 39〉

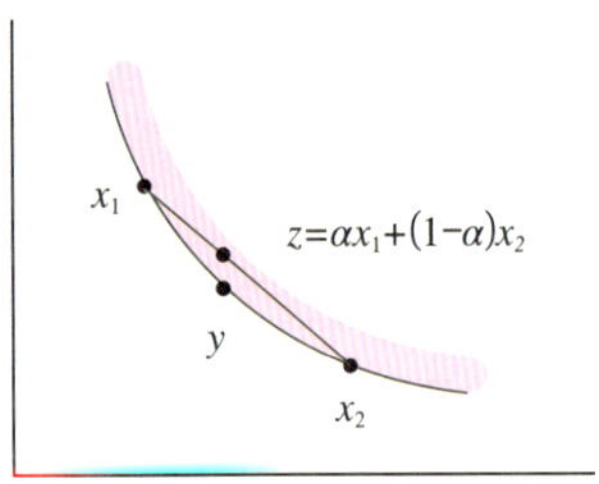

이와 같은 선호에 관한 가정, 즉 공리는 받아들일 수 있다. 이 공리를 설명할 때 소비 조합들을 비교할 수만 있다고 했지 특정 소비 조합이 특정 크기의 효용을 갖는다는 설명은 어디에도 없다. 그럼에도 불구하고 드르뢰는 자명하다고 볼 수 있는 이들 공리 위에 제번스와 마셜이 주장한 소비 조합의 효용을 알려 주는 효용함수를 만들 수 있다는 것을 보여 주었다.

부록 1 R^n 공간

$R^n = \{(x_1, \cdots, x_n)\}$은 벡터 $(x_1, \cdots, x_n)$의 집합이고, 각 요소 x_i는 실수이다. 예를 들면 $R^2 = \{(x_1, x_2)\}$은 X축과 Y축으로 구성된 평면 공간이다. $R_n^+ = \{(x_1, \cdots, x_n) : x_i \geq 0\}$는 각 요소가 $x_i \geq 0$인 R^n의 부분 집합이다.

백터 $\boldsymbol{x} = (x_1, \cdots, x_n)$과 $\boldsymbol{y} = (y_1, \cdots, y_n)$의 합은 다음과 같다.

$$\boldsymbol{x} + \boldsymbol{y} = (x_1, \cdots, x_n) + (y_1, \cdots, y_n) = (x_1 + y_1, \cdots, x_n + y_n)$$

백터 $(x_1, \cdots, x_n)$과 실수 a의 곱은 다음과 같다.

$$a\boldsymbol{x} = a(x_1, \cdots, x_n) = (ax_1, \cdots, ax_n)$$

$\boldsymbol{x} = (x_1, \cdots, x_n) > \boldsymbol{y} = (y_1, \cdots, y_n)$의 의미는 다음과 같다.

$$x_i > y_i,\ i = 1, \cdots, n$$

$\boldsymbol{x} = (x_1, \cdots, x_n) \geqq \boldsymbol{y} = (y_1, \cdots, y_n)$의 의미는 다음과 같다.

$$x_i \geqq y_i,\ \mathrm{i} = 1, \cdots, \mathrm{n}$$

$\boldsymbol{x} = (x_1, \cdots, x_n) \geq \boldsymbol{y} = (y_1, \cdots, y_n)$의 의미는 다음과 같다.

$x_i \geqq y_i$, $\mathrm{i} = 1, \cdots, \mathrm{n}$ 그리고 어떤 i에 대해 $x_i > y_i$

벡터 $\boldsymbol{x} = (x_1, \cdots, x_n)$의 크기(norm)는 $\|x\| = (x_1^2 +, \cdots, +x_n^2)^{1/2}$이다. 벡터 $\boldsymbol{x} = (x_1, \cdots, x_n)$과 $\boldsymbol{y} = (y_1, \cdots, y_n)$의 거리는 $\|\boldsymbol{x} - \boldsymbol{y}\| = ((x_1 - y_1)^2 +, \cdots, +(x_n - y_n)^2)^{1/2}$이다.

벡터 $\boldsymbol{x}$와 벡터 $\boldsymbol{y}$의 내적(inner product)은 $\boldsymbol{x} \cdot \boldsymbol{y} = \sum_{i=1}^{n} x_i y_i$이다.

벡터의 수열 $\{\boldsymbol{x}_n\}$이 주어진다. n이 크다면 작은 ε에 대해 $\|\boldsymbol{x}_n - \boldsymbol{x}\| < \varepsilon$가 성립하면 $\boldsymbol{x}$는 수열 $\{\boldsymbol{x}_n\}$의 극한이다.

집합 A 안에 있는 수열 $\{\boldsymbol{x}_n\}$의 극한 $\boldsymbol{x}$가 집합 A 안에 있다면 집합 A는 닫혀 있다고 (closed)한다.

벡터 $(x_1, \cdots, x_n)$에 상응해서 주어지는 실수 $u(x_1, \cdots, x_n)$을 효용함수라고 한다. $\boldsymbol{x}$와 $\boldsymbol{y}$가 가까울 때, 즉 $\|\mathbf{x}-\mathbf{y}\|<\delta$일 때, $u(\mathbf{x})$와 $u(y)$도 가깝다면, 즉 $\|u(\mathbf{x})-u(y)\|<\varepsilon$이라면, 효용함수 $u(x_1, \cdots, x_n)$는 연속하다고 한다.

예를 들면 단순한 함수 $u(x)$에 관한 연속성의 의미를 〈그림 40〉에서 살펴보기로 한다. x와 y가 매우 가깝지만 점프로 인해 $u(x)$와 $u(y)$의 차이가 크기 때문에 연속하지 않다. 따라서 함수 $u(x)$가 연속하다는 것은 점프가 일어나지 않는다는 것이다.

〈그림 40〉

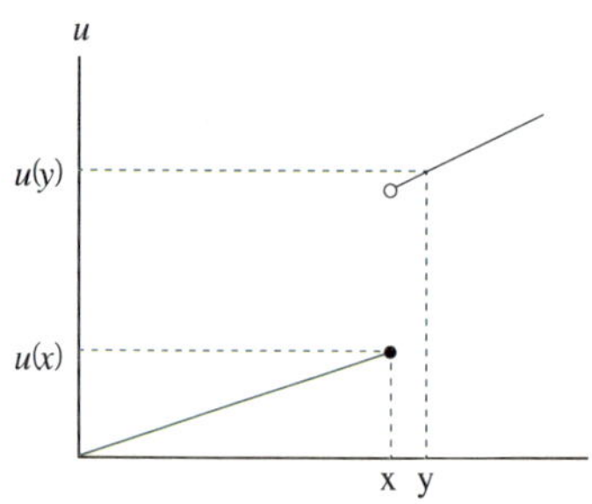

효용함수 $u(x_1, \cdots, x_n)$이 작은 크기의 벡터 h에 대해 다음 〈식 10〉을 만족하는 벡터 T가 있다면 미분이 가능하다.

$$u(\mathbf{x}+h)-u(\mathbf{x})=T\cdot h+\|o(h)\| \quad \text{〈식 10〉}$$

$o(h)$는 벡터 h가 적어질 때 더 빨리 작아진다. 따라서 작은 크기의 h에 대해 〈식 10〉은 〈식 11〉과 같이 된다.

$$u(\boldsymbol{x}+h)-u(\boldsymbol{x})=T\cdot h \qquad \text{〈식 11〉}$$

벡터 T가 있다는 것은 작은 크기의 벡터 h가 어느 방향으로 조금 움직이든 효용함수 $u(x_1, \cdots, x_n)$이 $T\cdot h$만큼 변화한다는 것이다. 더욱이 $u(x_1, \cdots, x_n)$이 미분 가능하면 h가 조금 변할 때 $u(x_1, \cdots, x_n)$은 급격히 변화하지 않는다. 즉 $u(x_1, \cdots, x_n)$은 연속하다.

〈그림 41〉은 단순 함수 $u(x)$가 연속하지만 미분 가능하지 않은 예를 보여 준다. $u(x)$는 점프는 없지만 꺾임(kink)이 일어난다.

〈그림 41〉

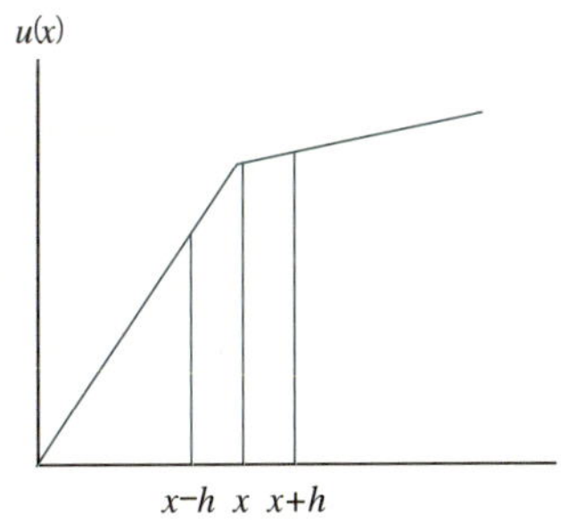

〈그림 41〉에서처럼 점 x에서 꺾임이 일어날 때 $x-h$와 x 사이 함수 값의 차이는

$u(x-h)-u(\boldsymbol{x})=-2\cdot h$이고 $x+h$와 x 사이 함수 값의 차이는 $u(x+h)-u(\boldsymbol{x})=\frac{1}{2}\cdot h$이다. 따라서 미분 값인 T가 정해지지 않으므로 이 같은 함수는 미분 가능하지 않다.

효용함수 $u(x_1, \cdots, x_n)$이 미분 가능할 때 함수의 그래디언트(*gradient*)는 $Du=(\frac{\partial u}{\partial x_1}, \cdots, \frac{\partial u}{\partial x_n})$이다. 이때 $T=Du$이다. 즉 다음의 식과 같다.

$$u(\boldsymbol{x}+h)-u(\boldsymbol{x})=(\frac{\partial u}{\partial x_1}, \cdots, \frac{\partial u}{\partial x_n})\cdot h$$

효용함수 $u(x_1, \cdots, x_n)$의 헷샨 행렬(Hessian matrix)은

$$D^2u=\begin{bmatrix} (\frac{\partial^2 u}{\partial x_1 \cdot \partial x_1} & , & \frac{\partial^2 u}{\partial x_1 \cdot \partial x_n}) \\ \cdot & \cdot & \cdot \\ (\frac{\partial^2 u}{\partial x_n \cdot \partial x_1} & , & \frac{\partial^2 u}{\partial x_n \cdot \partial x_n}) \end{bmatrix}$$ 이다.

이 행렬 D^2u는 n개의 열 벡터 u_i로 구성된 행렬 $[u_1, \cdots, u_n]$이다. 이 행렬은 결정계수(determinant)의 값을 갖는다. 결정계수의 값이 0이 아니면 이 행렬의 열 벡터 u_i들은 독립적이다.

다음으로 음함수(implicit function) 이론을 설 개의 음함수가 주어진다.

$$h(x_1, x_2, y_1, y_2)=0$$

$$g(x_1, x_2, y_1, y_2)=0$$

이때 $\begin{bmatrix} (\frac{\partial h}{\partial x_1}, & \frac{\partial h}{\partial x_2}) \\ (\frac{\partial g}{\partial x_1}, & \frac{\partial g}{\partial x_2}) \end{bmatrix} \neq 0$이면 다음 두 개의 함수 $y_1=f_1(x_1, x_2)$와 $y_2=f_2(x_1, x_2)$를 구할 수 있고 이 함수는 미분이 가능하다.

효용함수

02

1 효용함수의 건설

소비 조합 x와 y가 비교되어 소비자가 어느 한쪽을 좋아한다면 이를 효용함수의 형태로 표시할 수 있다. 먼저 효용함수를 다음과 같이 정의한다. 만약 $x \preccurlyeq y$이면 $u(x) \leq u(y)$, 또 $u(x) \leq u(y)$이면 $x \preccurlyeq y$가 된다면 $u(x)$를 효용함수라 한다. 선호에 관한 공리를 사용해 효용함수를 건설할 수 있다.

정리 1: 선호가 완전성, 이전성, 연속성, 그리고 강한 단조성을 만족한다면 그때 유일한 연속 효용함수가 있다. 즉 $x \succcurlyeq y \Leftrightarrow u(x) \geq u(y)$이다.

엄밀한 수학적인 증명은 부록으로 넘기고 기하학적이고 직관적인 설명만을 한다. 먼저 〈그림 42〉에서 어떤 소비 조합 x가 선택된다. x와 동일한 무차별 곡선에 있으면서 45도선 위에 있는 다른 소비 조합 t^*e가 있다. 여기서 $e=(1, 1,, 1)$이다. 이 t^*를 $u(x)=t^*$로 표시한다. 이처럼 소비 조합 x가 주어지면 실수 값을 갖는 함수 $u(x)$가 정해진다. 이 함수 $u(x)$는 $x \succsim y \Leftrightarrow u(x) \geq u(y)$를 만족한다.

〈그림 42〉

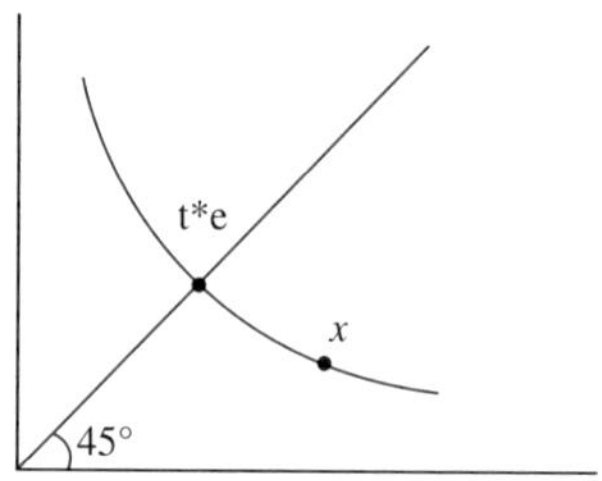

부록 2 정리 1의 증명

벡터 $e=(1, 1, \cdots, 1)$을 고려한다.

단계 1: 소비 x에 대해 $x \sim u(x)e$가 되는 $u(x)$가 존재.

$B=\{t \in R: te \succcurlyeq x\}$, $W=\{t \in R: te \preccurlyeq x\}$. 선호의 연속성에 의해 B와 W는 닫혀 있다.

강한 단조성에 의해 충분히 큰 t^0에 대해 $t^0 e \succ x$. 따라서 $t^0 \in B$, B는 공(empty)집합이 아니다. $0 \in W$이기 때문에 W는 공집합이 아니다. B의 어느 t는 W의 어느 t'보다 최소한 작지 않다. 따라서 B의 lub$\geq W$의 glb이다. 여기서 lub는 최소 상한(least upper bound)이고, glb는 최대 하한(greatest lower bound)이다. B와 W는 닫혀 있기 때문에 B의 lub는 B 안에 있고 W의 glb는 W 안에 있다.

만약 B의 lub$>W$의 glb이라면 실수 R은 비연속이다(disconnected). 모순이 발생한다. 따라서 B의 $lub=W$의 glb이다. 이 값을 t^*라 한다. 따라서 $t^*e \sim x$이다.

이 t^*를 $u(x)$라 한다. 즉 $u(x)e \sim x$. x가 주어지면 $u(x)$가 정해진다.

단계 2: $u(x)<u(y)$ <=> $x \prec y$

x, y가 주어졌다. 이때 $t_x e \sim x$와 $t_y e \sim y$가 되는 t_x와 t_y가 있다.

따라서 $u(x)=t_x$, $u(y)=t_y$이다.

그때 $t_x=u(x)<u(y)=t_y$라면, $t_x e<t_y e$이며, 그래서 선호의 강한 단조성에 의해 $t_x e \prec t_y e$이다. $t_x e \sim x$이고 $t_y e \sim y$이기 때문에, $x \prec y$이다.

반면 $x \prec y$라면 $t_x e \prec t_y e$이다. 즉 $t_x<t_y$. 즉 $u(x)<u(y)$이다.

단계 3: $t^*e \sim x$가 되는 t^*는 유일하다.

만약 또 다른 $t^0 e \sim x$가 되는 $t^0 \neq t^*$가 있다고 가정한다. 그때 $t^*<t^0$ 혹은 $t^0<t^*$이다.

$t^* < t^0$의 경우에 선호의 강한 단조성에 의해 $x \sim t^* e < t^0 e$. 모순이 발생한다. 따라서 유일성이 확보된다.

단계 4: $u(x)$가 연속한다. 즉 소비 조합 수열 $\{x_n\}$의 극한이 x, 즉 $\lim_n x_n = x$이면 $\lim_n u(x_n) = u(x)$이다.

N보다 큰 n에 대해 $\|x_n - x\| < \varepsilon$. 즉 모든 n에 대해 $\|x_n - x\| < \varepsilon$이 성립되고 $x_n \to x$ 한다고 가정해도 무방하다. 즉 모든 소비 조합 x_n은 극한 x의 인근에 위치한다. 즉 $x - \varepsilon e \leq x_n \leq x + \varepsilon e$가 되는 ε가 존재한다. 여기서 $e = (1, 1, \cdots, 1)$이다. $u(x)$의 구성 방법과 강한 단조성에 의해 $a \leq u(x_n) \leq b$되는 소비 조합 a와 b가 있다. 즉 수열 $\{u(x_n)\}$은 콤팩트(compact)한 구간 $[a, b]$ 집합 안에 있다. 콤팩트성(Compactness)에 의해 극한 u에 접근하는 어떤 부분 수열 $u(x_{nk})$이 존재한다. 즉 $\lim_k u(x_{nk}) = u$이다. 이 극한 u가 $u(x)$보다 크다고 가정하면, 즉 $u > u(x)$이면 모순이 발생한다.

u가 $\{u_{ne}\}$의 극한이므로, 충분히 큰 k에 대해 $u(x_{nk}) \approx u$이다.

$u > u(x)$라고 가정했기 때문에 $u(x_{nk}) > \hat{u} = \dfrac{u + u(x)}{2}$이다.

그래서 강한 단조성에 의해 $x_{nk} \sim u(x_{nk})e \succ \hat{u}e$이다.

선호의 연속성과 $x_{nk} \to x$ 때문에, $x \succeq \hat{u}e$. 즉 $x \sim u(x)e \succeq \hat{u}e$이다.

한편 $u > u(x)$이고 $\hat{u} = \dfrac{u + u(x)}{2}$이기 때문에 강한 단조성에 의해 $\hat{u}e \succ u(x)e$가 된다. 모순이 발생한다. $u < u(x)$이면 모순이 비슷하게 발생한다.

따라서 $u = u(x)$이다. 즉 부분 수열 $u(x_{nk})$의 극한은 $u(x)$에 접근한다. $\lim_n u(x_{nk}) = u(x)$이다.

$x_n \to x$이고 $u(x_{nk}) \to u(x)$일 때 $u(x_n) \to u(x)$이다.

힉스는 마셜의 효용과 효용함수가 자의적이기 때문에 사용할 수 없고 소비 조합을 비교할 수 있다는 사실에 근거하여 무차별 곡선을 사용하는 것이 좋다고 하였다. 반면 드르뢰는 자명하게 받아들일 수 있는 선호에 관한 공리로부터 인위적인 효용함수 $u(x)$를 이끌어 냈고 그 효용함수가 연속하다는 것을 보여 주었다.

드르뢰가 도출한 효용함수의 값을 일정하게 고정시켜 $u(x)=\bar{u}$과 같은 식을 만들면 동일한 효용 $\bar{u}$을 갖는 소비 조합 x들을 구할 수 있다. 이와 같이 힉스가 주장하는 무차별 곡선은 드르뢰의 효용함수로부터 구할 수 있다. 드르뢰에 따르면 $x \succsim y \Leftrightarrow u(x) \geq u(y)$이기 때문에 효용함수는 선호에 관한 모든 정보와 동일하다.

힉스는 실수 값을 갖는 효용함수의 기수성(cardinality) 때문에 그 사용을 반대하였다. 힉스는 소비 선택을 할 때 소비 조합 x가 y보다 좋다는 것이 중요하지, 마셜의 효용함수처럼 $u(x)$가 $u(y)$의 1.5배 혹은 2배라는 사실은 중요하지 않다고 하였다.

다음 정리에서 볼 수 있듯 소비자의 결정을 알기 위해서는 효용함수의 서수성(ordinality) 성질만이 중요하다. 효용함수 $u(x)$와 그것의 단조(monotonic) 변환함수 $w(x)$를 사용하든 소비자는 동일한 소비 결정을 내리기에 효용함수의 실수 값, 즉 기수성(cardinality)은 중요하지 않다. 따라서 힉스가 효용함수의 기수성 때문에 사용을 반대한 것은 설득력이 없다.

정리 2: $f:R \rightarrow R$가 단조하다면, 새로운 효용함수 $w(x)=f(u(x))$ 역시 동일한 선호를 나타낸다. 즉 $u(x)>u(y) \Rightarrow f(u(x))>f(u(y))$이면, $w(x)>w(y) \Leftrightarrow x \succ y$이다.

2 효용함수의 미분

효용함수가 연속적이라는 것을 앞서 증명하였다. 자연과학에서 다루는 속도나 온도는 위치에 대해 대부분 미분 가능하다. 이렇게 미분 가능한 함수로부터 자연 현상에 관한 여러 이론적 결과를 도출할 수 있다. 마찬가지로 현대경제학에서 효용함수가 미분 가능하다는 가정 아래 다양한 소비자효용이론들을 도출한다.

먼저 효용함수가 수학적으로 어떻게 미분 가능한지 정의하는지 살핀다. 다음으로 미분 가능한 효용함수가 선호에 관한 어떤 성질로부터 도출되는지를 기하학적으로 이해해 보기로 한다.

소비 조합 x에서 벡터 h 방향으로 조금 이동할 때 〈식 12〉가 성립하는 벡터 T가 있다면 효용함수는 미분 가능하다.

$$u(x+h)=u(x)+T \cdot h \qquad \text{〈식 12〉}$$

여기서 $T=(\frac{\partial u}{\partial x_1}, \cdots, \frac{\partial u}{\partial x_n})$는 효용함수의 그래디언트 벡터이다. 따

라서 강한 단조성에 의해 $\frac{\partial u}{\partial x_i}>0$이므로 $T>0$이다. 이 같은 효용함수의 수학적인 미분 개념은 직관적으로 이해하기 어렵다. 이해를 돕기 위해 몇 가지 사례를 소개한다.

〈그림 43〉에서 평면 공간에서 효용 표면(혹은 무차별 곡선)이 꺾임을 보여 주는 선호는 강한 준볼록성(strong quasiconvexity)을 만족한다. 즉 x_1과 x_2는 동일한 무차별 곡선 위에 있을 때 균형 소비점 $\alpha x_1+(1-\alpha)x_2$는 더 높은 무차별 곡선 위에 있다. 하지만 선호가 이런 꺾임을 낳거나 부드럽지(smooth) 않다면 관련된 효용함수는 미분 가능하지 않다는 것을 다음에서 볼 수 있다.

수열 $\{y_n\}$은 무차별 곡선을 따라 내려오면서 꺾이는 점 y를 향해 접근한다. 이때 y_n에서 y_{n+1}로 움직일 때 $y_n \sim y_{n+1}$이 된다. 두 소비 조합이 똑같이 좋기 위해서 한계 대체율은 $\frac{2}{1}$가 된다. 반면 수열 $\{z_n\}$은 꺾이는 점 y에서 무차별 곡선을 따라 내려온다. 이때 z_n에서 z_{n+1}로 움직일 때 $z_n \sim z_{n+1}$과 같이 똑같이 좋기 위해서 한계 대체율은 $\frac{1}{2}$이 된다.

이처럼 효용 표면(혹은 무차별 곡선)에서 꺾임이 일어난다는 것은 한계 대체율이 급격히 변하는 것을 의미한다. 이처럼 한계 대체율이 급격히 변하면 효용함수는 미분 가능하지 않다. 이때 어떻게 미분이 가능하지 않은지를 구체적으로 살펴본다.

〈그림 43〉에서 보듯 소비점 y를 고정한다. 소비점 y에서 무차별 곡선을 따라 위로 조금 움직이면, 즉 $h=\varepsilon(-1, 2)$이면 〈식 13〉에서처럼

$T=(2, 1)$이 된다.

$$u(x+\varepsilon(-1, 2))=u(x)+T\cdot\varepsilon(-1, 2)=0 \qquad \text{〈식 13〉}$$

소비점 y에서 무차별 곡선을 따라 아래로 조금 움직이면, 즉 $h=\varepsilon(2, -1)$이면 〈식 14〉에서 보듯 $T=(1, 2)$이 된다.

$$u(x+\varepsilon(2, -1))=u(x)+T\cdot\varepsilon(2, -1)=0 \qquad \text{〈식 14〉}$$

따라서 효용 표면(혹은 무차별 곡선)이 꺾임이 있으면, 다른 말로 해서, 부드럽지 않으면 〈식 12〉를 만족하는 T가 없으므로 미분 가능하지 않다.

〈그림 43〉

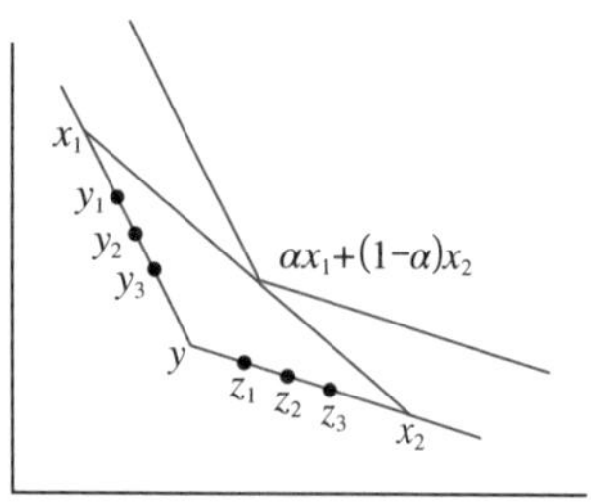

따라서 미분이 가능하려면 〈그림 44〉와 같이 효용 표면(무차별 곡선)이 부드러워야 한다.

〈그림 44〉

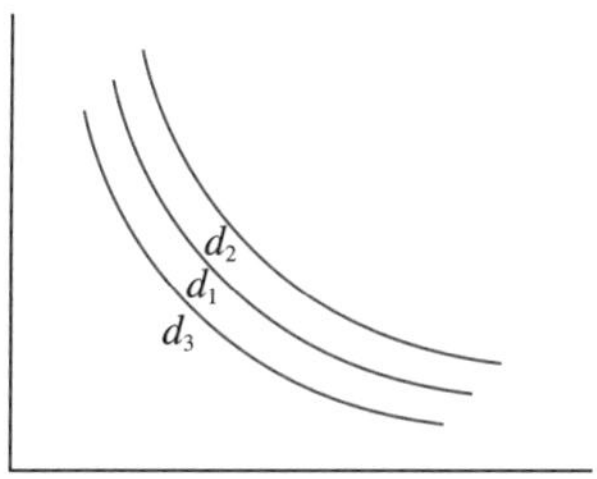

미분이 가능하다면(즉 T>0가 존재한다면), $h=\varepsilon(1, 1)$ 벡터에 대해 $u(x+h)$와 $u(x)$의 차이는 $u(x-h)$와 $u(x)$의 차이와 같아야 한다. 이것은 〈그림 44〉에서 잘 설명된다. 무차별 곡선 d_1에서 d_2로 움직일 때 증가하는 만족과 d_3에서 d_1으로 움직일 때 증가하는 만족은 같다.

앞서 설명한 등고선을 다시 생각해 보자. 제주도 오름은 〈그림 45〉에서처럼 완만하게 높아진다. 반면 북한산 인수봉은 〈그림 46〉에서 보듯 갑자기 암벽이 솟아 있어 높이가 수직으로 올라간다. 상당히 일정하던 초기 등고선 사이의 간격이 봉우리에 도착하면 갑자기 좁아지는 것을 확인할 수 있다.

〈그림 45〉

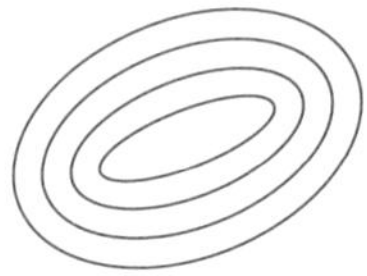

〈그림 46〉

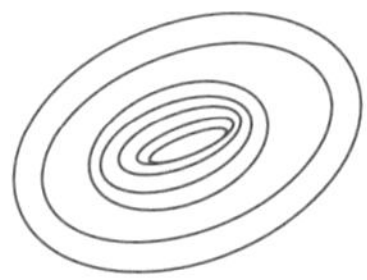

인수봉을 무차별 곡선 관점에서 살펴보자. 〈그림 47〉에서처럼 소비 조합 x에서 $-h$ 벡터 방향으로 움직일 때 무차별 곡선은 한 칸 이동하는 반면, h 벡터 방향으로 움직일 때 무차별 곡선은 수많은 칸을 움직인다. 즉 상품 수량이 조금 증가할 때 효용함수 값이 갑자기 급증한다.

따라서 $u(x-h)-u(x)$로부터 얻는 T와 $u(x+h)-u(x)$로부터 얻는 T는 다르다. 때문에 〈식 12〉가 성립하지 않아 미분이 가능하지 않다. 결과적으로 〈그림 47〉과 같은 무차별 곡선을 낳는 선호에 대해 미분 가능한 효용함수를 얻을 수 없다. 이것은 상품의 수량이 변화할 때 선호가 급격히 변하지 않는다면 효용함수가 미분 가능하다는 것을 보여 준다.

앞에서 합리적으로 받아들일 수 있는 선호의 성질을 공리라고 하였

〈그림 47〉

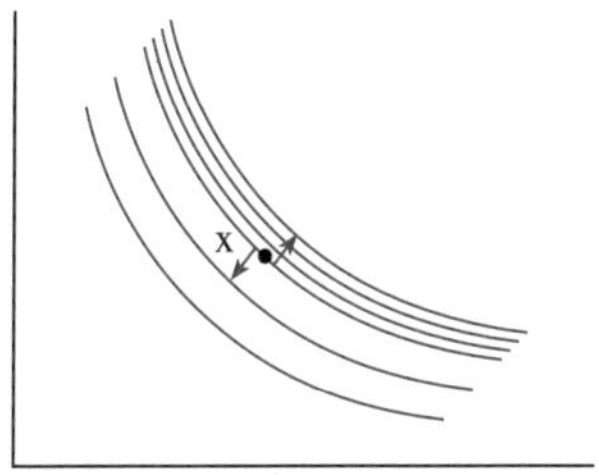

다. 이 공리 위에 선호를 반영하는 효용함수를 도출할 수 있다. 더욱이 상품들이 대체되거나 수량이 변화할 때 선호가 급격히 변하지 않는다면 선호와 관련된 효용함수는 미분 가능하다고 볼 수 있다. 뒤에서 살펴보겠지만 효용함수의 미분성은 수요함수의 미분성을 의미한다. 수요함수의 미분성을 이용하여 중요한 소비자효용이론을 도출할 수 있다.

3 효용함수 u(x)의 강한 오목성

앞에서 선호는 강한 준볼록성을 만족한다고 가정했다. 즉 $x_1, x_2 \sim y$이면 $\alpha x_1 + (1-\alpha)x_2 \succ y$, $0 < \alpha < 1$이 된다. $u(y) = u(x_1) = u(x_2)$이기 때문에 효용함수 $u(x)$는 〈식 15〉를 만족한다.

$$u(\alpha x_1 + (1-\alpha)x_2) > u(y) = \alpha u(x_1) + (1-\alpha)u(x_2),\ 0 < \alpha < 1 \quad \text{〈식 15〉}$$

그래서 선호가 강한 준볼록성이면 효용함수 $u(x)$는 강한 오목성(strong concavity)이다. 따라서 효용함수 $u(x)$가 미분 가능하면 $u(x)$의 헤세 행렬, $\left[\frac{\partial^2 u}{\partial x_i \partial x_j}\right]$는 음의 정부호(negative definite)이다. 그래서 헤세 행렬의 결정 계수 $\lfloor D^2 u(x) \rfloor$는 0이 아니다.

최적의 소비 결정

03

1 효용 극대화와 마셜수요함수

먼저 평면 공간에서 효용 극대화를 다루겠다. 즉 소비자가 두 개의 상품 x_1, x_2에 관한 최적 소비를 어떻게 결정하는지 살펴보기로 한다. 이때 상품의 가격 p_1, p_2, 그리고 소득 m이 주어지고, 가격선 $m-p_1x_1-p_2x_2=0$이 만들어진다.

소비자의 효용함수 $u(x_1, x_2)$가 주어지면 실수 각 $c_1<c_2<\cdots$에 대해 $u(x_1, x_2)=c_1$, $u(x_1, x_2)=c_2$ 등 다양한 무차별 곡선(효용 표면)을 만들 수 있다. 〈그림 48〉에서처럼 가격선 위의 점 b에서 얻는 무차별 곡선이 다른 점 a에서 얻는 무차별 곡선보다 나쁘다.

무차별 곡선을 상승시키면 가격선과 점 a에서 접한다. 이 접점에서 이루어진 소비 조합은 가격선 위에 있으므로 주어진 소득으로 구입할 수 있고 효용은 이전보다 크다. 만약 무차별 곡선을 더 올리면 주어진

〈그림 48〉

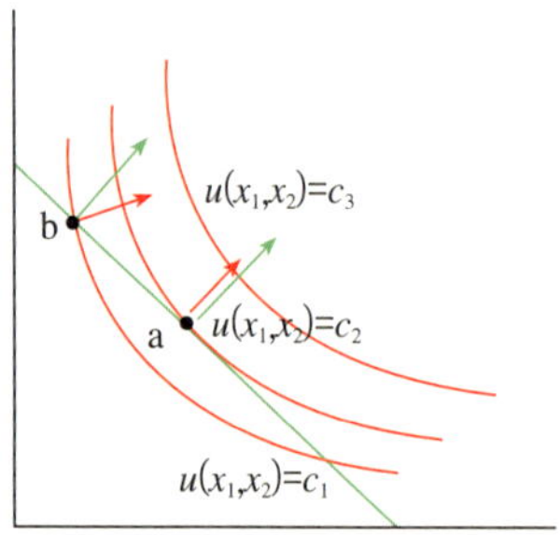

가격선 바깥에 있기 때문에 소득으로 구입할 수 없다. 따라서 접점에서 이루어진 소비 조합은 주어진 가격과 소득 아래 가장 큰 효용을 얻는다.

우선 이러한 접점이 한 군데서만 일어난다고 가정한다. 뒤에서 효용 극대화 점이 한 곳이 되게 하는 조건을 알아보기로 한다. 힉스가 이전에 설명한 것처럼 접점에서 가격선의 기울기와 무차별 곡선의 기울기는 일치한다.

2 라그랑주의 제약 조건 아래 극대화

수학자 조제프 루이 라그랑주(Joseph Louis Lagrange, 1736~1813)가 발견한 제약 조건 아래 최적 값을 구하는 방법을 소개한다. 자세한 내용은 '부록 3'에 정리해 두었다. 소득이 m이고, n개의 상품의 가격 벡터가 $p=(p_1, \cdots, p_n)$이다. 소비자의 예산 제약 아래 소비 조합은 $p \cdot x=m$을 만족한다. 즉 소비자는 소득을 다 사용해 효용을 극대화는 최적 소비 조합을 구한다. 최적 소비 문제를 〈식 16〉과 같이 쓴다.

$$max\ u(x),\ p \cdot x=m.\ p>0 \qquad \text{〈식 16〉}$$

이때 식 $p \cdot x=m$을 제약식이라고 하고 효용함수 $u(x)$를 목적함수라고 한다. 먼저 효용함수 $u(x)$는 미분 가능하다고 가정한다. 미분기하학적으로 보면 $p \cdot x=m$은 고정 값 m이 주어질 때 가격 표면(surface)이다. 또한 고정 값 c가 주어질 때 $u(x)=c$는 효용 표면이다.

라그랑주는 가격 표면 위에 있으면서 가장 큰 c를 달성하기 위해 해당하는 효용표면은 가격 표면에 접하고 접점 x에서 가격 표면의 그래디언트와 효용 표면의 그래디언트의 방향이 동일하다고 했다(〈그림 48〉 참조).

수학적으로 가격 표면의 그래디언트는 $(p_1, p_2, \cdots, p_n)$이고 효용 표면의 그래디언트는 $(\frac{\partial u}{\partial x_1}, \frac{\partial u}{\partial x_2}, \cdots, \frac{\partial u}{\partial x_n})$이다. 이 두 벡터의 방향이 동일하기 때문에 〈식 17〉 혹은 〈식 18〉이 성립한다. 이 효용 그래디언트를 $\nabla u=(\frac{\partial u}{\partial x_1}, \cdots, \frac{\partial u}{\partial x_n})$로 표시한다.

$$\left(\frac{\partial u}{\partial x_1}, \frac{\partial u}{\partial x_2}, \cdots, \frac{\partial u}{\partial x_n}\right) = \lambda(p_1, p_2, \cdots, p_n), \ \nabla u = \lambda p \qquad \text{〈식 17〉}$$

$$\text{혹은 } \frac{\partial u}{\partial x_1} = \lambda p_1, \ \frac{\partial u}{\partial x_2} = \lambda p_2, \ \frac{\partial u}{\partial x_n} = \lambda p_n. \qquad \text{〈식 18〉}$$

한편 상품이 두 개인 경우에는 〈그림 48〉에서 보듯 효용 극대화가 이루어지는 점 a에서 가격 표면(가격선)의 그래디언트(파란색 화살표)와 효용 표면(무차별 곡선)의 그래디언트(붉은색 화살표)는 방향이 같다.

이것은 가격 표면의 그래디언트와 직각인 가격선의 기울기와 효용 표면의 그래디언트와 직각인 무차별 곡선의 기울기가 같다는 것을 의미한다. 반면 가격선과 무차별 곡선이 교차하는 점 b에서 가격 표면의 그래디언트와 효용 표면의 그래디언트는 방향이 다르다. 따라서 효용 극대화가 이루어지지 않는다.

부록 3

함수 $f(x_1, \cdots, x_n)$이 주어진다. 고정 값 c가 주어지면 $f(x_1, \cdots, x_n) = c$를 만족시키는 벡터 $(x_1, \cdots, x_n)$의 집합을 표면(surface)이라고 한다. 예를 들면 〈그림 49〉에서 보듯 $x_1^2 + x_2^2 = 1$은 원의 둘레이다. 함수 $f(x_1, \cdots, x_n)$의 그래디언트는 $\left(\frac{\partial f}{\partial x_1}, \cdots, \frac{\partial f}{\partial x_n}\right)$이다. 예를 들면 $x_1^2 + x_2^2$의 그래디언트는 $(2x_1, 2x_2)$이다.

표면의 특정한 점 $(x_1, \cdots, x_n)$에서 그래디언트$\left(\frac{\partial f}{\partial x_1}, \cdots, \frac{\partial f}{\partial x_n}\right)$는 표면과 수직이다.

예를 들면 원의 특정한 점 (x_1, x_2)에서 그래디언트 $(2x_1, 2x_2)$는 원표면(원둘레)과 수직이다. 〈그림 49〉에서 이를 볼 수 있다. 점 (x_1, x_2)에서 원둘레는 국부적(locally)으로 붉은색 직선과 같다. 이 붉은색 직선과 원 둘레의 그래디언트(파란색 화살표)는 직각을 이룬다.

라그랑주는 특정 표면 $f(x_1, \cdots, x_n)$의 $= c_0$ 위에 있으면서 $g(x_1, \cdots, x_n)$의 값을 극대화하는 조건이 $(\frac{\partial g}{\partial x_1}, \cdots, \frac{\partial g}{\partial x_n}) = \lambda(\frac{\partial f}{\partial x_1}, \cdots, \frac{\partial f}{\partial x_n})$라고 하였다. 이를 평면에서 예로 들어 보겠다.

〈그림 49〉에서처럼 붉은색 직선은 그래디언트 (a, b)(혹은 기울기 $\frac{a}{b}$)를 갖는 $ax_1 + bx_2 = m$과 같은 함수로 쓸 수 있다. 이 m의 값에 따라 동일한 그래디언트(혹은 기울기)를 갖는 여러 붉은색 직선을 그을 수 있다. 원둘레 점 a를 지나는 붉은색 직선 GG가 있다. 이 점에서 원둘레의 그래디언트는 수직선(파란색 화살표)이기 때문에 붉은색 화살표의 그래디언트와 같지 않다. 한편 점 b를 지나는 붉은색 화살표의 그래디언트는 원둘레의 그래디언트(파란색 화살표)와 같다. 이때 $ax_1 + bx_2 = m$이 m은 최대 값을 갖는다.

〈그림 49〉

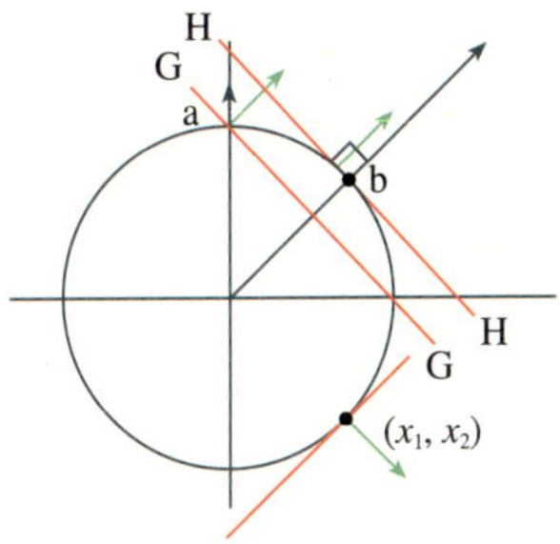

3 라그랑주 함수를 이용한 효용 극대화

효용 극대화를 분석하기 위해 라그랑주 수학적 접근법을 사용한다. 우선 효용함수가 미분 가능하다고 가정한다. 주어진 시장 가격 p와 소득 m이 주어질 때 〈식 19〉와 같은 라그랑주 함수 $L(x, \lambda)$를 이용해 소비자의 최적 소비 행위를 분석한다.

$$L(x, \lambda) = u(x) + \lambda(m - p \cdot x) \quad \text{〈식 19〉}$$

여기서 λ는 라그랑주 승수이다. 최적 소비를 구하기 위해 소득 제약식과 효용함수를 합쳐 라그랑주 함수 $L(x, \lambda)$를 만들고 이를 극대화시키는 변수 x, λ를 찾는 것이다. 라그랑주 함수의 극대 값은 변수 x_i, $i = 1, 2, \cdots, n$과 λ에 대한 1차 미분 값을 0으로 하면 〈식 20〉과 〈식 21〉을 구할 수 있다.

$$\frac{\partial L}{\partial x_i} = \frac{\partial u}{\partial x_i} - \lambda p_i = 0,\ i = 1, 2, \cdots, n \quad \text{〈식 20〉}$$

$$\frac{\partial L}{\partial \lambda} = m - p \cdot x = 0 \quad \text{〈식 21〉}$$

$\frac{\partial L}{\partial \lambda} = 0$이라는 1차 조건은 단지 소득 제약식을 가리킨다. 이때 미지수 x_i의 n개와 또 다른 미지수 λ가 있다. 그리고 식이 $n+1$개 있으므로

일반적으로 해를 발견할 수 있다. 그 해는 최적 소비 조합, 뒤에 설명하는 마셜수요함수 $x_i(p, m)$과 승수함수 $\lambda(p, m)$이다. 이들 함수는 가격과 소득의 함수이다.

한편 1차 조건 〈식 20〉은 앞서 설명한 라그랑주가 최적 소비점을 찾는 데 만족해야 하는 조건식 〈식 18〉과 동일하다. 1차 조건 〈식 20〉의 두 개를 나누어 주면 〈식 22〉가 된다.

$$\frac{\frac{\partial u}{\partial x_i}}{\frac{\partial u}{\partial x_j}} = \frac{p_i}{p_j} \qquad \text{〈식 22〉}$$

즉 한계 효용 비율은 가격 비율과 동일하다. 왼쪽의 한계 효용 비율은 힉스가 정의한 한계 대체율이고 이것은 한계 대체율과 가격 비율이 동일하다는 그의 주장과 같다.

4 마셜수요함수

(1) 마셜수요함수의 정의

소득 m과 가격 p가 주어졌을 때 효용 극대화에서 얻어진 최적 소비를 수요 $x(p, m)$이라고 표시한다. 선호가 강한 준볼록하다면, 최적 소비 $x(p, m)$은 유일하다. 따라서 소득 m과 가격 p에 상응하는 하나의 값, 즉 수요함수 $x(p, m)$을 정의할 수 있다. 이를 특별히 마셜수요함수라고 한다.

선호가 강한 준볼록이라면(혹은 효용함수가 강한 오목이라면), 〈그림 50〉에서 보듯 무차별 곡선이 직선 구간이 없고 부드럽다면, 즉 무차별 곡선이 강한 볼록(strongly convex)이면, 접점은 한 곳에서만 생겨 수요는 유일하다. 뒤에서 이를 증명하겠다.

무차별 곡선이 강한 볼록일 때 소비점 a와 b에서 소득 제약은 만족되고(혹은 지출 비용은 같고) 효용 역시 같다. 이때 중간에 있는 소비점 c는 소득 제약을 만족시키면서 더 큰 효용을 가져온다. 이러한 효용함수가 강한 오목이거나 무차별 곡선이 강한 볼록이면 최적 소비는 c점처럼 유일한 곳에서 이루어진다.

〈그림 50〉

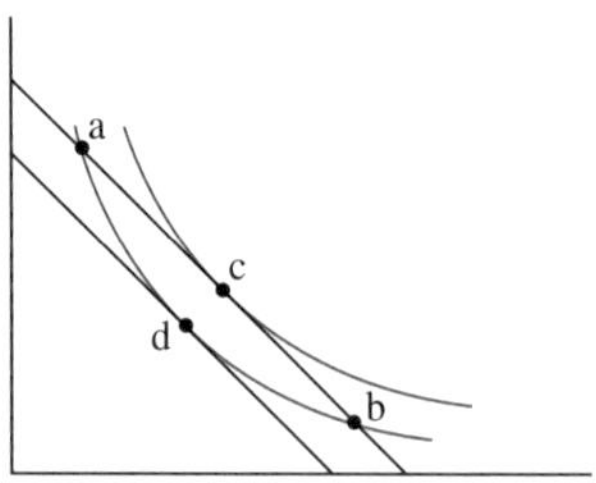

최적 소비가 x^*와 y^*의 두 곳에서 이루어진다고 가정한다. $x^* \sim y^*$. 그때 $x^0 = \frac{1}{2}(x^* + y^*)$는 소득 조건을 만족하지만 선호의 강한 준볼록성

때문에 $x^0 \succ x^*$. 따라서 x^*는 최적 소비가 아니다. 따라서 복수의 최적 소비 조합이 발생할 수 없다. 즉 극대효용은 반드시 한 개의 상품 조합에서만 발생한다.

(2) 마셜수요함수의 미분성

다음으로 공공재의 가치 평가와 관련된 소비자효용이론을 전개하려면 마셜수요함수 $x(p, m)$이 미분 가능하다는 조건이 필요하다. $x(p, m)$이 미분 가능한 충분 조건을 얻기 위해 수요함수가 도출되는 효용 극대화 문제의 1차 조건 〈식 20〉과 〈식 21〉로 돌아간다. 이 식들로부터 구한 $x_i(p, m)$은 미분 가능하다. 증명은 '부록 4'에서 보여 주겠다.

부록 4

〈식 20〉, 〈식 21〉과 관련된 제이콥 행렬식은 다음과 같다.

$$\begin{bmatrix} D^2u(x) & -p \\ -p^T & 0 \end{bmatrix} \qquad \text{〈식 23〉}$$

이 행렬의 결정 계수가 0이 아니라면 음함수이론으로부터 $x_i(p, m)$이 도출되고 미분 가능하다. 다음에서 행렬의 결정 계수가 0이 아니라는 것을 보여 주도록 한다.

1차 조건으로부터 $p_i = \lambda \frac{\partial u(x)}{\partial x_i}$, 즉 $p = \lambda \nabla u(x)$이므로 이를 대입하면 행렬식인 〈식

23〉의 결정 계수의 값이 0이 아닌 것을 볼 수 있다(여기서 $\lambda=1$이라 가정한다).

$$\begin{vmatrix} D^2u(x) & -\nabla u(x) \\ -\nabla u(x)^T & 0 \end{vmatrix} \neq 0 \qquad \text{〈식 24〉}$$

이 행렬은 $(n+1)\times(n+1)$의 차원을 갖는다. 선호가 강한 단조성이면 $\nabla u(x)>0$이다. 효용함수 $u(x)$의 헤세 행렬 $D^2u(x)$는 $n\times n$의 차원을 갖는다. 효용함수 $u(x)$가 강한 오목(strongly concave)이기 때문에 결정 계수 $\lfloor D^2u(x)\rfloor$는 0이 아니다.

행렬 $D^2u(x)$를 열 벡터 u_i를 가지고 $(u_1, \cdots, u_n)$로 표시한다. 결정 계수 $\lfloor D^2u(x)\rfloor$가 0이 아니기 때문에 다음 식에서 α_i는 0이다.

$$\alpha_1 u_1 + \cdots + \alpha_n u_n = 0 \qquad \text{〈식 25〉}$$

$\nabla u(x) = \left(\dfrac{\partial u}{\partial x_1}, \cdots, \dfrac{\partial u}{\partial x_n}\right) > 0$이기 때문에 다음 식에서 α_i는 0이다.

$$\alpha_1 \begin{pmatrix} u_1 \\ \dfrac{\partial u}{\partial x_1} \end{pmatrix} + \cdots + \alpha_1 \begin{pmatrix} u_n \\ \dfrac{\partial u}{\partial x_n} \end{pmatrix} = 0 \qquad \text{〈식 26〉}$$

그래서 행렬식 〈식 24〉의 첫 번째 n개의 열은 독립적이다. 그리고 $n+1$번째 열이 $\begin{pmatrix} -\nabla u(x) \\ 0 \end{pmatrix}$이므로 행렬의 $n+1$개의 열은 독립적이다. 따라서 행렬의 결정 계수의 값은 0이 아니다. 따라서 $x_i(p, m)$은 미분 가능하다. 즉 효용함수 $u(x)$가 강한 오목이면 $x_i(p, m)$은 미분 가능하다.

(3) 마셜수요함수에서 소비자 잉여

상품 1에 대한 마셜수요함수 $x_1(p, m)$은 다른 가격은 일정하고 가격 p_1이 변할 때 수요가 어떻게 변하는지 알려 준다. 이 수요함수의 곡선은 우하향이라고 가정한다. 마셜수요함수가 미분 가능하면 이 수요함수는 연속한 곡선이다.

〈그림 51〉은 수요 곡선을 보여 준다. 앞서 이 수요 곡선은 한계 효용 곡선이라고 보여 주었다. 가격이 p_1이면 소비자는 수량 x_1만큼 구입하고 p_1x_1만큼 지출한다. 소비자가 수량 x_1을 소비할 때 색이 칠해진 면적인 소비자 잉여를 낳는다. 소비자 잉여는 〈식 27〉로 나타낼 수 있다.

$$\int_{p_1}^{\infty} x_1(p, m)dp \qquad \text{〈식 27〉}$$

〈그림 51〉

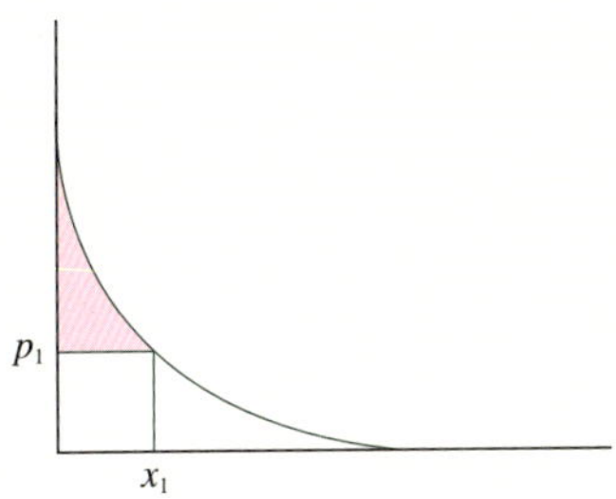

5 지출 극소화와 힉스수요함수

(1) 지출 극소화

앞서 가격 p와 소득 m이 주어졌을 때 효용을 극대화하였다. 이와 달리 가격 p와 효용 $\bar{u}$이 주어졌을 때 이를 달성하기 위해 지출 비용을 최소화하는 문제를 고려한다. 먼저 2차원 공간에서 지출 극소화를 살펴본다.

소비자의 효용함수 $u(x_1, x_2)$와 가격 p_1, p_2가 주어졌을 때 효용 $\bar{u}$를 달성하려고 한다. 효용 $\bar{u}$를 얻기 위해 어떻게 최소 비용을 지출하는 최적 소비 (x_1, x_2)를 결정하는지 보기로 한다.

〈그림 52〉

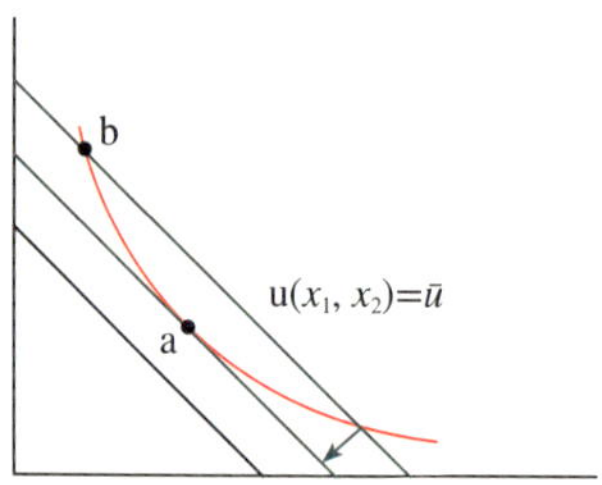

우선 〈그림 52〉에서 보듯 점 b에서 주어진 효용 $\bar{u}$를 얻을 수 있다. 그 점 b에서 가격선과 무차별 곡선은 교차한다. 가격선을 내리면 가격선과 무차별 곡선이 접하는 점 a에서 접한다. 만약 가격선을 더 내리면 지출은 줄겠지만 가격선의 어느 소비 조합도 주어진 효용 $\bar{u}$를 달성할 수 없다. 비용 극소화를 이루는 소비 조합 a에서 무차별 곡선의 기울기와 가격선의 기울기 역시 일치한다.

비용 극소화 문제는 〈식 28〉과 같이 표현할 수 있다.

$$min\ p\cdot x,\ u(x)=\bar{u},\ p>0 \qquad \text{〈식 28〉}$$

다음처럼 라그랑주 함수를 사용하여 최소 비용을 구할 수 있다.

$$L(x,\ \lambda)=px+\mu(\bar{u}-u(x)) \qquad \text{〈식 29〉}$$

1차 조건은 다음과 같은 식들이다.

$$\frac{\partial L}{\partial x_i}=p_i-\mu\frac{\partial u}{\partial x_i}=0,\ i=1,2,\ \cdots,\ n \qquad \text{〈식 30〉}$$

$$\frac{\partial L}{\partial \mu_i}=\bar{u}-u(x)=0 \qquad \text{〈식 31〉}$$

1차 조건 〈식 30〉은 효용 극대화에서 얻은 1차 조건 〈식 20〉과 동일하다. 그러므로 효용 극대화와 비용 최소화 문제에서 얻는 최적 소비는 동일하다. 따라서 두 문제는 상호 대칭적(dual)이라 볼 수 있다. 지출 극소화 문제를 고려하는 이유는 뒤에서 논의하는 비용함수를 분석하기 위해서이다. 한편 비용함수는 소비자 잉여를 분석하는 데 필요하다. 이 소비자 잉여에 관한 개념은 공공재의 가치를 분석할 때 유용하게 사용된다.

(2) 힉스수요

가격 p일 때 효용 $\bar{u}$를 얻기 위한 최소 비용을 달성하기 위해 구입하는 소비 조합을 $h(p, \bar{u})$로 표시하고 이를 힉스수요함수라고 한다. 이 $h(p, \bar{u})$ 역시 마셜수요함수처럼 미분 가능하다. 다음에서 힉스수요함수를 기하학적으로 설명한다.

〈그림 53〉에서 보듯 상품 2의 가격이 증가할 때 가격선의 기울기 $\frac{p_1}{p_2}$가 감소하여 가격선이 푸른 선에서 붉은 선으로 된다. 하지만 상품 2의 가격이 증가할 때, 소득 보상이 이루어져 동일한 효용을 달성한다. 가격 인상 전에 소비자는 점 b를 선택해 비용을 최소화한다. 상품 2의 가격이 증가하면 비싼 상품 2의 일부를 상품 1로 대체해 소비가 점 a에서

〈그림 53〉

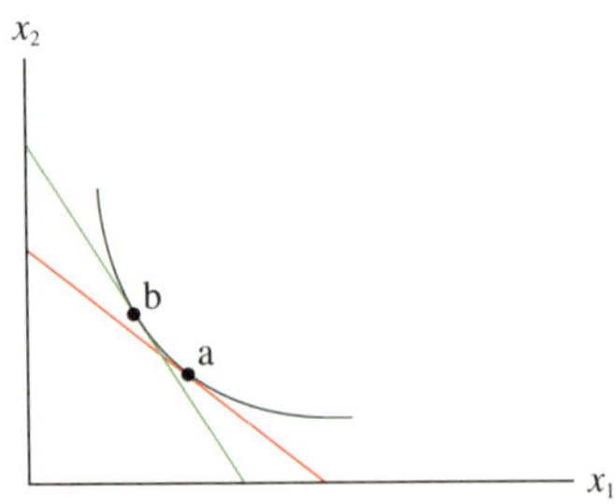

이루어져 비용이 최소화되지만 소비자는 동일한 효용을 얻는다. 따라서 힉스수요함수는 가격이 증가하면 반드시 수량이 감소하기에 곡선이 우하향한다.

〈그림 53〉은 중요한 사실을 알려 준다. 만약 $h(p, \bar{u})$를 알고 있다면 다양한 가격에 대해 동일한 무차별 곡선 위에 있는 소비자가 선택하는 소비 조합을 알 수 있다. 이러한 소비 조합을 연결하면 무차별 곡선(즉 소비자 선호)을 찾을 수 있다.

우리는 주어진 소비자 선호에 의한 특정 효용이 정해지면 힉스수요함수 $h(p, \bar{u})$를 도출할 수 있고 거꾸로 힉스수요함수를 알고 있다면 소비자 선호를 알려 주는 무차별 곡선을 찾을 수 있다.

앞에서 언급한 효용 극대화와 비용 극소화의 대칭성을 다음과 같이 해석할 수 있다. 가격 p와 소득 m이 주어질 때 효용을 극대화하기 위해 $x(p, m)$을 구입한다. 이때 이 소비 소합으로부터 효용 u를 얻는다. 한편 가격 p와 효용 u가 주어질 때 비용을 극소화하기 위해 $h(p, u)$를 구입한다. 이때 $x(p, m)$과 $h(p, u)$는 동일하다.

한편 두 수량이 동일하기 때문에 효용 u를 얻기 위해 지출한 비용은 m이다. 이를 다음과 같은 항등식으로 표시한다.

$$x(p, m) = h(p, u) \quad \text{〈식 32〉}$$

$$p \cdot x(p, m) = p \cdot h(p, u) = m \quad \text{〈식 33〉}$$

CONSUMER UTILITY AND VALUE OF PUBLIC GOODS

3

간접효용 함수와 비용함수

간접효용함수

01

1 간접효용함수

효용 극대화 문제로부터 마셜수요함수 $x(p, m)$을 얻는다. 이 수량 $x(p, m)$을 효용함수에 대입하여 간접효용함수 $v(p, m)$을 〈식 34〉와 같이 구한다.

$$v(p, m) = u(x(p, m)) \tag{식 34}$$

마셜수요함수 $x(p, m)$은 미분 가능하고, 효용함수 역시 미분 가능하므로 간접효용함수 $v(p, m)$은 미분 가능하다.

$v(p, m)$은 주어진 가격과 소득 아래 얻을 수 있는 극대 효용이다. 효용이 주관적이기 때문에 간접효용함수는 개념적이고 측정이 불가능하지만 여러 곳에서 유용하게 사용된다. 먼저 효용 극대화 문제를 풀 때

사용되는 라그랑주 승수의 경제적 의미를 찾는 데 사용할 수 있다. 또한 소비자 잉여를 분석하는 데 사용된다.

이 간접효용함수는 다음의 성질을 갖는다.

(i) 다른 가격이 동일하고 상품 가격이 하락하면 효용이 증가한다.

$$\frac{\partial v(p, m)}{\partial p_i} < 0 \qquad \text{〈식 35〉}$$

(ii) 소득이 증가하면 효용이 증가한다.

$$\frac{\partial v(p, m)}{\partial m} > 0 \qquad \text{〈식 36〉}$$

증명은 아래와 같다.

(i) 상품 i의 가격이 하락하고 나머지 상품의 가격이 같다면, 새로운 가격에서 소비자는 타 상품을 동일 수량으로 구입하고 상품 i를 더 구할 수 있다. 강한 단조성에 의해 효용은 증가한다. 따라서 새로운 극대 효용은 이전보다 크다.

(ii) 소득이 증가하면 이전 효용을 극대화하는 최적 소비를 구입하고도 남는 소득이 있다. 이를 가지고 추가적으로 모든 상품을 구입하면 더 높은 효용을 달성할 수 있다.

2 라그랑주 승수 λ

일반적으로 미분기하학에서 라그랑주 함수를 만들어 극대 값을 찾지 않는다. 수학에서는 그래디언트들의 비율인 라그랑주 상수 λ에 관심이 없다. 라그랑주 승수 λ의 경제적 의미는 중요하다. 앞서 λ는 소득과 가격의 함수라고 하였다.

소득이 증가할 때 늘어나는 효용, 즉 소득의 한계 효용 $\dfrac{\partial v(p, m)}{\partial m}$은 λ이다. λ가 소득의 함수이므로 λ는 소득에 따라 변한다. 이에 대한 증명은 '부록 5'에 제시했다. 힉스는 마셜이 돈(즉 소득)의 한계 효용, 즉 λ가 일정하다고 가정하고 소비이론을 전개한 것을 비판하였다. 한편 간접효용함수는 소득의 한계 효용의 개념을 밝히는 데 유용하게 사용된다.

부록 5

⟨식 34⟩의 $v(p, m)$을 m에 대해 미분하면 ⟨식 37⟩을 얻는다.

$$\frac{\partial v(p,m)}{\partial m} = \frac{\partial u(x(p,m))}{\partial m} = \sum_{j=1}^{n} \frac{\partial u(x)}{\partial x_i} \frac{\partial x_i}{\partial m} \qquad ⟨식 37⟩$$

효용 극대화에서 얻은 1차 조건, $\frac{\partial u(x)}{\partial x_i} = \lambda p_i$, 즉 ⟨식 20⟩을 ⟨식 37⟩에 대입하면 ⟨식 38⟩을 얻는다.

$$\frac{\partial v(p,m)}{\partial m} = \lambda \sum_{j=1}^{n} p_i \frac{\partial x_i}{m} \qquad ⟨식 38⟩$$

$x(p, m) = (x_1(p, m), \cdots, x_n(p, m))$은 소득 제약식을 만족하므로 $\sum_{j=1}^{n} x_i p_i = m$이다. 이를 m에 대해 미분하면 ⟨식 39⟩를 얻는다.

$$\sum_{j=1}^{n} p_i \frac{\partial x_i}{\partial m} = 1 \qquad ⟨식 39⟩$$

이것을 ⟨식 38⟩에 대입하면 ⟨식 40⟩이 된다.

$$\frac{\partial v(p,m)}{\partial m} = \lambda \qquad ⟨식 40⟩$$

비용함수

02

1 비용함수의 정의

가격이 p일 때 주어진 효용 u를 달성하기 위해 최소 비용을 지출하는 극소화 문제를 풀 때 얻는 소비 조합을 힉스수요 $h(p, u) = (h_1(p, u), \cdots, h_n(p, u))$라고 한다. 비용 극소화 문제에서 얻은 최적 소비 조합, 즉 힉스수요 $h(p, u)$를 이용해 비용함수를 얻을 수 있다.

가격이 p일 때 소비자가 효용 u를 얻기 위해 지출해야 하는 최소 비용을 지출하는 비용함수는 〈식 41〉과 같다.

$$e(p, u) = p \cdot h(p, u). \qquad \text{〈식 41〉}$$

힉스수요함수 $h(p, m)$은 미분 가능하므로 비용함수 $e(p, u)$는 미분 가능하다.

이 비용함수는 간접효용함수와 유사한 다음의 성질을 갖는다.

(i) 다른 가격이 동일하고 상품 i의 가격이 상승하면 비용이 증가한다.

$$\frac{\partial e(p,u)}{\partial p_i} > 0 \qquad \langle \text{식 } 42 \rangle$$

(ii) 효용이 증가하면 비용이 증가한다.

$$\frac{\partial e(p,u)}{\partial u} > 0 \qquad \langle \text{식 } 43 \rangle$$

비용함수는 일상생활에서 보는 가계부라고 볼 수 있다. 소비자나 가계는 식구의 수, 자녀의 학령, 거주지, 직업 등과 같은 생활 환경에 맞는 주관적 효용 u를 바란다. 물론 이 주관적 효용을 관측하고 측정할 수는 없다. 하지만 소비자가 마음에 가진 주관적 효용 u를 달성하기 위해 가격이 p일 때 구입한 상품들의 수량과 지출을 가계부에서 파악할 수 있다.

여기서 효용 u를 알 수 없지만 소비자가 내심 가지고 있는 효용은 짧은 기간에는 고정되어 있다고 가정할 수 있다. 따라서 효용 u의 값에 대한 관심은 잠시 접어두고 소비자가 가격이 p에서 p'로 변할 때 구입하는 수량이 $h(p,u)$에서 $h(p',u)$로 어떻게 변하는지 알 필요가 있다.

소비자가 월별로 가계부를 작성하고 집계한다고 가정한다. 한 달 동

〈그림 54〉

안 어떤 상품의 가격이 변화했다. 예를 들면 소고기 가격이 오르고 돼지고기 가격은 동일하다고 가정한다. 돼지고기 가격은 소고기 가격에 비해 상대적으로 저렴해졌다. 그럼에도 불구하고 소비자는 단기에 이전에 얻던 효용 u를 줄이지 않는다.

다만 소비자는 이전과 동일한 효용을 유지하고 비용을 최소화하기 위해 구입하던 소고기의 일부를 상대적으로 싼 돼지고기로 전환한다. 그렇게 하더라도 전체 비용이 증가할 수 있다. 소비자는 여유 자금을 사용하여 비용 증가를 부담할 수 있다. 따라서 지출함수(혹은 가계부)는 상품의 가격이 변화하는 경우 동일한 효용을 유지하기 위한 비용 변화를 알려 준다.

2 비용함수의 강한 오목성

비용함수 $e(p, u)$는 중요한 성질을 가지고 있다. 우선 비용함수 $e(p, u)$는 가격 p에 대해 오목(concave)하다. 즉 $e\left(\alpha p+(1-\alpha)p', u\right) > \alpha e(p, u)+(1-\alpha)e\left(p', u\right)$. 이를 간단히 증명할 수 있다.

우선 $p''=\alpha p+(1-\alpha)p'$, $0<\alpha<1$일 때 가격 p와 p' 사이의 이 새로운 가격 p''를 고려한다. $h(p'', u)$는 가격 p''에 상응하는 최소 비용을 이루는 소비 조합, 즉 힉스의 수요함수다. 그때 가격이 p에서 $h(p'', u)$를 구입한다면, $ph(p'', u)>e(p, u)$가 된다. 마찬가지로 가격이 p'일 때 $p'h\left(p'', u\right)>e(p', u)$가 된다.

이때 〈식 44〉의 전개가 이루어져 비용함수 $e(p, u)$는 강한 오목성(strong concavity)을 보여 줄 수 있다. 두 번째 등호는 비용함수 정의 때문에 이루어진다.

$$\begin{aligned} e(\alpha p+(1-\alpha)p', u) &= e(p'', u)=p''\cdot h(p'', u) \\ &= \left(\alpha p+(1-\alpha)p'\right)\cdot h(p'', u)=\alpha p\cdot h(p'', u)+(1-\alpha)\, p'\cdot h(p'', u) \\ &> \alpha e(p, u)+(1-\alpha)e\left(p', u\right) \end{aligned} \qquad \text{〈식 44〉}$$

이러한 비용함수 $e(p, u)$의 강한 오목성을 기하학적으로 쉽게 보여 줄 수 있다. 나머지 상품을 제외하고 상품 i만 가격이 오른다고 가정한다. 가격이 오르면 소비자는 가격이 오르지 않은 다른 상품으로 대체해 비용 증가를 최대한 줄이려 할 것이다. 따라서 지출은 가격의 변화만큼 오르지 않아 비용함수는 〈그림 55〉에서와 같이 오목하다. 즉 비용 증가는 가격 증가에 비례해 증가하기보다 완만하게 증가할 것이다.

〈식 44〉의 왼편에 있는 비용함수 $e(\alpha p + (1-\alpha)p', u)$는 푸른 곡선이고 오른편에 있는 $\alpha e(p, u) + (1-\alpha)e(p', u)$는 붉은 직선이다. 〈그림 55〉에서 보듯 $e(p, u)$가 강한 오목성을 보이므로 푸른 곡선이 붉은 직선보다 높다.

〈그림 55〉

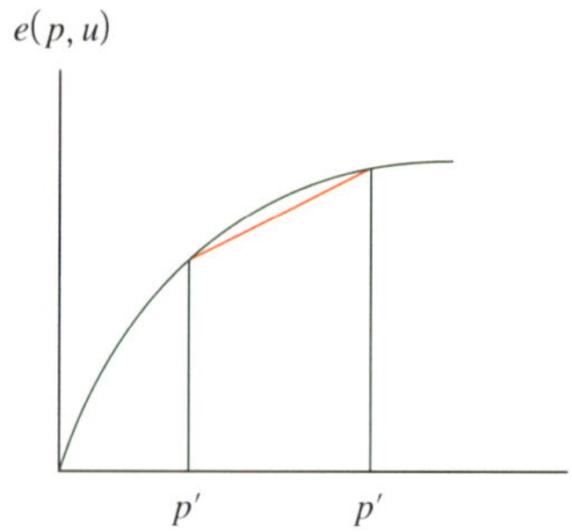

이제 지출함수로부터 다시 상품 i에 대한 힉스수요를 얻을 수 있는 방안을 고려한다.

3 지출함수로부터 힉스수요함수의 도출

상품 i에 대한 힉스수요 $h_i(p, u)$는 〈식 45〉와 같이 도출할 수 있다. 이를 '셰퍼드 보조정리(Shepard lemma)'라고 한다.

$$\frac{\partial e(p, u)}{\partial p_i} = h_i(p, u) \qquad \text{〈식 45〉}$$

이를 증명하기 위해 p의 함수인 $g(p)$를 〈식 46〉과 같이 만든다.

$$g(p) = e(p, u) - p \cdot h(p^*, u) \qquad \text{〈식 46〉}$$

이때 $h(p^*, u)$는 가격 p^*에서 효용 u를 달성하기 위해 비용을 최소화할 때 구입하는 최적 소비 조합이다. 가격이 p일 때 수량 $h(p^*, u)$를 구입해 효용 u를 얻을 때 지출하는 비용은 $p \cdot h(p^*, u)$이다. $e(p, u)$는 가격이 p일 때 효용 u를 달성하기 위해 지출하는 최소 비용이기 때문에 $e(p, u) < p \cdot h(p^*, u)$이다. 즉 $g(p) < 0$이다.

$e(p^*, u) = p^* \cdot h^* (p^*, u)$이므로 $g(p^*) = 0$가 된다. 따라서 $g(p)$는 p^*에서 극대 값을 달성한다. 이때 1차 조건은 〈식 47〉과 같다. 이 1차 조건이 셰퍼드 보조정리이다.

$$\frac{\partial g(p^*)}{\partial p_i} = \frac{\partial e(p^*, u)}{\partial p_i} - h_i(p^*, u) = 0$$

$$\text{혹은 } \frac{\partial e(p, u)}{\partial p_i} = h_i(p, u) \qquad \text{〈식 47〉}$$

간접효용함수와 비용함수의 관계

03

1 간접효용함수와 비용함수의 관계

간접효용함수와 비용함수와의 관계를 살피기로 한다. 가격 p와 소득 m이 주어지면 효용을 극대화하는 최적 소비 조합, 즉 상품 i의 마셜수요함수 $x_i(p, m)$이 정해진다. 이로부터 간접효용함수 값이 〈식 48〉처럼 정해진다.

$$u^0(=u(x))=v(p, m) \qquad \text{〈식 48〉}$$

한편 가격 p와 효용 u^0이 주어지면 비용을 최소화하는 최적 소비 조합, 즉 상품 i의 힉스수요함수 $h_i(p, u^0)$가 정해진다. 이로부터 비용함수는 〈식 49〉와 같이 정해진다.

$$e(p, u^0) = p \cdot h(p, u^0) \qquad \text{〈식 49〉}$$

이때 효용 극대화와 비용 극소화는 동일한 소비 조합을 갖기 때문에 항등식 〈식 50〉이 성립한다.

$$h_i(p, u^0) = x_i(p, m) \qquad \text{〈식 50〉}$$

〈식 50〉에 p를 곱하여 얻은 최소 비용 $e(p, u^0)$은 소득 m과 같다는 것을 알 수 있다.

$$e(p, u^0) = p \cdot x_i(p, m) = m \qquad \text{〈식 51〉}$$

〈식 51〉을 〈식 50〉에 대입하면 항등식 〈식 52〉를 얻는다.

$$h_i(p, u^0) = x_i(p, m) = x_i(p, e(p, u^0)) \qquad \text{〈식 52〉}$$

〈식 51〉을 〈식 48〉에 대입하면 항등식 〈식 53〉을 얻는다.

$$u^0 = v(p, m) = v(p, e(p, u^0)) \qquad \text{〈식 53〉}$$

또한 〈식 48〉을 〈식 51〉에 대입하면 항등식 〈식 54〉를 얻는다.

$$m = e(p, u^0) = e(p, v(p, m)) \qquad \text{〈식 54〉}$$

2 로이의 항등식

앞서 비용함수를 이용하여 힉스수요함수를 도출하는 것을 보여 주었다. 그와 비슷하게 간접효용함수로부터 마셜수요함수를 도출할 수 있다는 것을 보여 줄 수 있다. 〈식 53〉을 다시 쓴다. 이때 왼편의 u는 고정되어 있고 $m = e(p, u)$인 것에 유의한다.

$$u = v(p, m) = v(p, e(p, u)) \qquad \text{〈식 55〉}$$

〈식 55〉의 양변을 상품 i의 p_i에 대해 미분을 하면 〈식 56〉을 얻는다.

$$0 = \frac{\partial v(p, m)}{\partial p_i} + \frac{\partial v(p, m)}{\partial m} \frac{\partial e(p, u)}{\partial p_i} \qquad \text{〈식 56〉}$$

〈식 47〉을 〈식 56〉에 대입하고 〈식 50〉을 이용하면 〈식 57〉을 얻는다.

$$0 = \frac{\partial v(p, m)}{\partial p_i} + \frac{\partial v(p, m)}{\partial m} h_i(p, u)$$

$$= \frac{\partial v(p, m)}{\partial p_i} + \frac{\partial v(p, m)}{\partial m} x_i(p, m) \qquad \langle 식\ 57 \rangle$$

이를 정리하면 〈식 58〉과 같이 마셜수요함수를 구할 수 있다. 이 식을 '로이의 항등식(Roy's identity)'이라고 한다.

$$x_i(p, m) = -\frac{\frac{\partial v(p, m)}{\partial p_i}}{\frac{\partial v(p, m)}{\partial m}} \qquad \langle 식\ 58 \rangle$$

마셜수요함수 $x_i(p, m)$는 간접효용함수 $v(p, m)$를 가격 p_i와 소득 m에 대해 미분을 하면 구할 수 있다. 앞서 〈식 35〉와 〈식 36〉을 대입하면 마셜수요함수 $x_i(p, u)$는 양수인 것을 알 수 있다. 상품 i의 p_i의 가격이 인하되면 〈식 35〉에 따라 간접 효용이 증가한다. 간접 효용의 증가분을 소득의 한계 효용, $\frac{\partial v(p, m)}{\partial m}$으로 나누면 상품 i의 마셜수요가 된다.

효용 극대화로부터 마셜수요가 정해지면 이로부터 간접효용함수를 도출한다. 반대로 간접효용함수가 주어지면 〈식 58〉을 통해 마셜수요함수를 구할 수 있다. 그래서 마셜수요함수와 간접효용함수는 동일한 정보를 갖고 있다. 그런데 왜 간접효용함수를 도출하고 고려하는 것일까? 뒤에서 살펴보겠지만 로이의 항등식은 시장 수요를 분석하는 데 중요한 역할을 한다.

3 정책으로 인한 소비자 잉여 변화

정부는 소득을 지원하여 소비자의 지불 능력을 높이거나 세제 혜택, 공공시설 공급 등으로 특정 상품이나 서비스의 가격을 인하해 소비자의 효용을 증진시킨다. 이때 간접효용함수는 증가한 효용을 알려 준다. 정부 정책의 결과로 가격과 소득이 p^0, m^0에서 p', m'로 변하면 효용은 〈식 59〉와 같이 증가한다.

$$v(p', m') - v(p^0, m^0) \qquad \text{〈식 59〉}$$

효용은 주관적인 개념이므로 측정하기가 어렵다. 따라서 다음처럼 효용의 변화를 동동 변이(equivalent variation)라는 화폐의 개념으로 환산한다.

동동 변이는 간접 효용 $v(p', m')$와 $v(p^0, m^0)$을 달성할 때 필요한 비용의 차이를 계산해 효용의 변화를 화폐의 단위로 측정한다. 비용을 계산하기 위해 사전 가격 p^0을 사용한다. 이때 $v(p', m')$와 $v(p^0, m^0)$의 효용을 달성하기 위한 비용은 각각 $e(p^0, v(p', m'))$와 $e(p^0, v(p^0, m^0))$이다. 따라서 동등 변이는 〈식 60〉으로 나타난다.

$$EV = e(p^0, v(p', m')) - e(p^0, v(p^0, m^0)) \qquad \text{〈식 60〉}$$

항등식 〈식 54〉를 〈식 60〉에 대입하면 동등 변이를 〈식 61〉과 같이 쓸 수 있다.

$$EV = e\left(p^0, v\left(p', m'\right)\right) - m^0 \quad \text{〈식61〉}$$

이 동등 변이는 정부 정책 때문에 증가한 효용을 사전 가격 p^0를 이용하여 화폐 단위로 환산한다. 반면 보상 변이는 간접 효용 $v(p', \mathrm{m}')$와 $v(p^0, m^0)$을 달성할 때 필요한 비용의 차이를 사후의 가격 p'를 사용해 계산한다. 그러면 보상 변이를 〈식 62〉와 같이 구할 수 있다. 여기서 〈식 54〉를 이용한다.

$$\begin{aligned} CV &= e\left(p', v\left(p', m'\right)\right) - e\left(p', v(p^0, m^0)\right) \\ &= m' - e\left(p', v(p^0, m^0)\right) \end{aligned} \quad \text{〈식62〉}$$

보상 변이는 증가한 효용을 사후 가격을 이용하여 화폐 단위로 환산한다. 앞에서 효용 극대화와 이로부터 도출된 간접효용함수, 또 비용 최소화와 상응하는 비용함수를 설명하고 그들의 관계를 설명하였다. 최종적으로는 간접효용함수와 비용함수를 이용하여 정책이 낳은 효용 증가를 화폐 가치로 계산할 수 있다는 것을 보여 주었다. 그럼에도 불구하고 동동 변이와 보상 변이는 여전히 추상적이고 이론적이어서 이해하기 어려울 것이다. 이를 구체적인 예로 설명해 보겠다.

소고기 가격 인하가 낳은 소비자 효용의 증가를 보상 변이를 이용해 계산해 본다. 육류 가운데 소고기와 돼지고기를 상호 유일한 대체재라고 가정한다. 5월 기준으로 소고기와 돼지고기 1킬로그램 가격이 각각 5만 원과 2만 원이라고 하자. 소비자는 최적 소비 조합에서 월 소고기 2킬로그램과 돼지고기 5킬로그램을 소비한다. 소비자의 5월 지출은 600만 원이라고 가정한다.

소고기의 가격이 6월에 4만 원으로 하락했다. 소고기 가격이 상대적으로 저렴하므로 소비자는 소고기 소비를 2킬로그램에서 3킬로그램으로 늘리고 돼지고기 소비를 5킬로그램에서 3킬로그램으로 줄인다. 소고기 1킬로그램은 돼지고기 2킬로그램과 같은 효용을 가지고 있기 때문에 소비자는 두 육류의 조합으로부터 동일한 효용을 얻는다. 다른 상품 수량을 똑같이 소비한다면 소비자의 효용은 이전과 동일하다.

이 경우 6월 육류에 대한 지출은 20만 원에서 18만 원으로 줄어든다. 즉 동등한 효용을 유지하면서 월 지출은 600만 원에서 598만 원으로 줄어든다. 이때 보상 변이 값은 다음 식에 따라 2만 원이 된다. 여기서 소득은 변화하지 않는다고 가정한다. 즉 $m' = m^0$이다.

$$CV = m^0 - e\left(p', v(p^0, m^0)\right) = 6{,}000{,}000 - 5{,}980{,}000 = 20{,}000$$

개별 상품의 가격의 변화에 따른 지출 증감이 소득에 비해 미미하다면 소비자는 월별로 동일한 효용을 유지한다고 볼 수 있다. 앞서 사례로 다룬 가계부가 월별로 항목별 소비량과 지출금액을 보여 준다면 소고기 가격 인하의 소비자 편익을 알려 주는 보상변이를 구할 수 있다. 공공재이론에 관한 다음 장에서 위 보상변이 식을 다시 다룰 것이다.

앞 사례에서 본 보상 변이의 값은 우리의 상식과 일치한다. 그러면 쉽게 알 수 있는 소비자 잉여를 왜 복잡한 이론적 전개를 거쳐 이해하기 어려운 보상 변이라는 개념을 만들고 그로부터 소비자 잉여를 계산하는 것일까? 보상 변이는 상식적으로 얻은 경제적 이익에 이론적인 근거를 제공하며 복잡한 경제 정책이 낳는 소비자 편익을 합리적으로 추정하도록 도와주기 때문이다.

4 마셜수요함수로부터 선호를 복구

가격과 소득이 주어진다면 소비자 선호, 즉 효용함수로부터 효용 극대화를 통해 마셜수요함수를 도출할 수 있다. 이제 거꾸로 마셜수요함수로부터 소비자 선호를 복구할 수 있다. 이에 대한 증명은 '부록 6'에서 소개한다.

선호 ⇔ 마셜수요함수

부록 6

마셜수요함수를 알고 있다고 가정한다. 항등식 〈식 52〉를 다시 쓴다.

$$h_i(p, u) = x_i(p, e(p, u)) \qquad \text{〈식 63〉}$$

여기에 〈식 47〉을 항등식 〈식 63〉에 대입하면 비용함수 $e(p, u)$에 대한 n개의 편미분 방정식을 〈식 64〉와 같이 얻는다.

$$\frac{\partial e(p, u)}{\partial p_i} = x_i(p, e(p, u)),\ i = 1, \cdots, n \qquad \text{〈식 64〉}$$

초기 가격 p^0과 소득 m^0이 주어진다면 효용 극대화로부터 u^0를 얻는다. 항등식 〈식 54〉로부터 편미분 방정식의 초기 조건 $e(p^0, u^0) = m^0$을 얻는다. 만약 상품이 두 개 있고 다음과 같은 간단한 편미분 방정식이 만들어진다고 가정한다.

$$\frac{\partial e(p, u)}{\partial p_1} = -a_1 p_1 + b_1 p_1 + e(p, u)$$

$$\frac{\partial e(p, u)}{\partial p_2} = c_1 p_1 - d_1 p_1 + e(p, u)$$

$e(p, u)$의 헤세 행렬 $\left[\frac{\partial^2 e(p, u))}{\partial p_i \partial p_j}\right]$이 대칭(symmetric)이면 편미분 방정식으로부터 해(solution)인 비용함수 $e(p, u)$를 얻을 수 있다. 한편 영의 정리(Young's theorem)에 의해 $\frac{\partial^2 e(p, u))}{\partial p_i \partial p_j} = \frac{\partial^2 e(p, u))}{\partial p_j \partial p_i}$이므로, $\left[\frac{\partial^2 e(p, u))}{\partial p_i \partial p_j}\right]$은 대칭이다.

다음 비용함수로부터 선호를 도출할 수 있다. 비용함수를 미분하면 힉스수요함수 $h(x, u)$를 얻을 수 있다. 힉스수요함수는 가격 p가 변할 때마다, 동일한 효용을 낳으면서 비용이 가장 적게 드는 수량을 알려 준다. 이 수량들을 연결하면 동일한 효용을 낳는 효용 표면이나 평면 공간에서 무차별 곡선을 얻을 수 있다. 또한 주어진 효용 u가 변한다면 상응하는 효용 표면을 구할 수 있다. 이러한 효용 표면은 소비자의 선호를 알려 준다.

5 마셜수요와 힉스수요의 관계

마셜수요함수와 힉스수요함수를 연결하는 식을 슬러츠키 식(Slutsky Equation)이라고 한다. 이 식을 유도하기 위해 항등식 〈식 52〉를 다시 쓴다.

$$h(p, u) = x(p, e(p, u)), \text{ 혹은}$$

$$h_j(p, u) = x_j(p, e(p, u)), j = 1, \cdots, n \qquad \text{〈식 65〉}$$

〈식 65〉를 가격 p_i에 대해 양변을 미분하여 〈식 66〉을 구한다.

$$\frac{\partial h_j(p, u)}{\partial p_i} = \frac{\partial x_j(p, m)}{\partial p_i} + \frac{\partial x_j}{\partial m}\frac{\partial e(p, u)}{\partial p_i} \qquad \text{〈식 66〉}$$

〈식 47〉과 항등식 〈식 50〉을 종합하면 〈식 67〉을 얻는다.

$$\frac{\partial e(p, u)}{\partial p_i} = h_i(p, u) = x_i(p, m) \qquad \text{〈식 67〉}$$

〈식 67〉을 〈식 66〉에 대입하면 〈식 68〉을 얻는다.

$$\frac{\partial h_j(p, u)}{\partial p_i} = \frac{\partial x_j(p, m)}{\partial p_i} + \frac{\partial x_j}{\partial m}x_i(p, m) \qquad \text{〈식 68〉}$$

이를 정리하면 마셜수요함수의 가격에 따른 수량 변화는 〈식 69〉와 〈식 70〉을 갖는다.

$$\frac{\partial x_j(p, m)}{\partial p_i} = \frac{\partial h_j(p, u)}{\partial p_i} - \frac{\partial x_j}{\partial m} x_i(p, m) \qquad \text{〈식 69〉}$$

$$\frac{\partial x_i(p, m)}{\partial p_i} = \frac{\partial h_i(p, u)}{\partial p_i} - \frac{\partial x_i}{\partial m} x_i(p, m) \qquad \text{〈식 70〉}$$

〈식 70〉을 슬러츠키 식이라고 한다. 상품 i의 가격 인상은 두 가지 효과를 가지고 있다. 주어진 효용 u를 유지하기 위해 가격이 오른 상품 i의 수량을 줄이고 대체재를 늘리면 일어나는 효과는 $\frac{\partial h_i(p, u)}{\partial p_i}$이다. 상품 i의 가격이 1단위 올라가면 소득이 상품 i의 구입량 $x_i(p, m)$만큼 감소한다. 이러한 소득 감소에 의한 상품 i의 수량 감소는 $\frac{\partial x_i}{\partial m} x_i(p, m)$이다.

〈식 70〉은 앞에서 언급한 마셜이 소개한 기펜재가 왜 아일랜드가 대기근이었을 때 감자 수요에서 발생하는지를 설명할 수 있다. 힉스수요함수 $h_i(p, u)$는 대체 효과만을 고려하고, 감자는 거의 대체재가 없기 때문에 〈식 70〉에서 $\frac{\partial h_i(p, u)}{\partial p_i}=0$이거나 0과 거의 같다. 감자 x_i는 열등재이고, 즉 $\frac{\partial x_i}{\partial m}<0$이고 감자 소비량 $x_i(p, m)$이 크다. 따라서 〈식 70〉에 따르면 마셜수요함수에서 $\frac{\partial x_i(p, m)}{\partial p_i}>0$이다. 즉 감자 가격이 오르더라도 오히려 감자 소비량은 늘어난다.

힉스수요함수의 편미분 $\frac{\partial h_j(p,u)}{\partial p_i}$으로 구성된 슬러츠키 행렬 $\left[\frac{\partial h_j(p,u)}{\partial p_i}\right]$을 고려한다. 〈식 47〉에서 $\frac{\partial e(p,u)}{\partial p_i}=h_i(p,u)$이므로 $\left[\frac{\partial h_j(p,u)}{\partial p_i}\right]=\left[\frac{\partial^2 e(p,u)}{\partial p_j \partial p_i}\right]$이다. 즉 슬러츠키 행렬은 비용함수 $e(p,u)$의 헤세 행렬이다.

비용함수 $e(p,u)$가 강한 오목이므로 $e(p,u)$의 헤세 행렬 음의 정부호(negative definite) 행렬이다. 따라서 즉 $e(p,u)$의 헤세 행렬의 대각선 각항은 음수이다. $\left[\frac{\partial h_i(p,u)}{\partial p_i}\right]=\left[\frac{\partial^2 e(p,u)}{\partial p_i \partial p_i}\right]$이므로 $\frac{\partial h_i(p,u)}{\partial p_i}<0$이다. 이것은 힉스수요함수의 기울기는 항상 음수임을 의미한다.

마셜수요함수와 힉스수요함수의 관계를 〈그림 56〉과 같이 설명할 수 있다. 먼저 정상재($\frac{\partial x_i}{\partial m}>0$)의 경우 마셜수요함수와 힉스수요함수의 관계를 본다. 상품 i의 가격이 p에서 p'로 인하될 때 이전과 동일한 효용을 얻는다면 대체 관계에 있는 타 상품의 구입을 줄이고 인하된 상품

〈그림 56〉

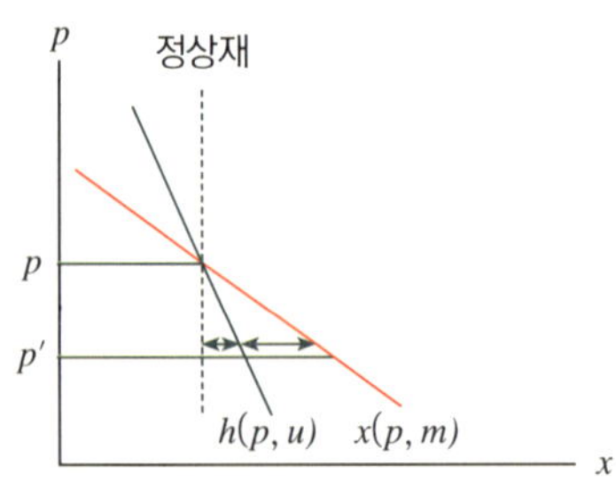

을 더 구입하는 대체 효과가 일어난다. 이것이 힉스수요를 알려 준다.

한편 상품 i의 가격 인하로 소득이 증가하고 그 때문에 더 구입하는 소득 효과 $\frac{\partial x_i}{\partial m}x_i(p, m)$이 일어난다. 마셜수요함수와 힉스수요함수의 관계를 알려 주는 〈식 70〉에 따르면 〈그림 56〉에서 보듯 마셜수요함수의 기울기가 낮다. 즉 붉은 직선이 마셜수요함수이다.

〈그림 57〉

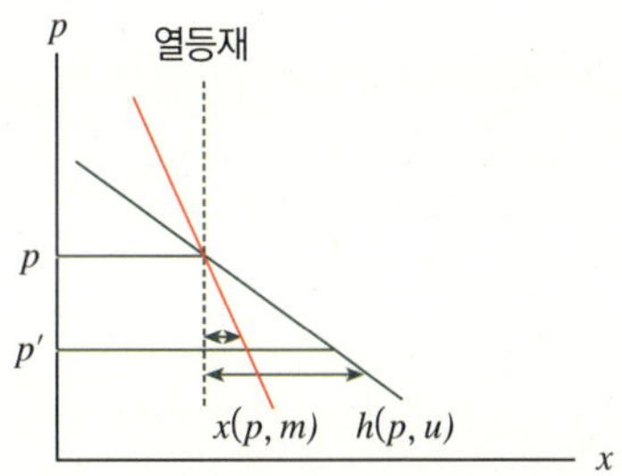

열등재($\frac{\partial x_i}{\partial m}<0$)의 경우 마셜수요함수와 힉스수요함수의 관계를 본다. 대체 효과는 정상재의 경우와 같다. 다만 상품 i의 가격 인하로 소득이 증가하기 때문에 소득 효과 $\frac{\partial x_i}{\partial m}x_i(p, m)$만큼 구입 수량을 줄인다. 이때 〈그림 57〉에서 보듯 마셜수요함수의 기울기는 더 크다. 즉 붉은 직선이 마셜수요함수이다.

CONSUMER UTILITY AND VALUE OF PUBLIC GOODS

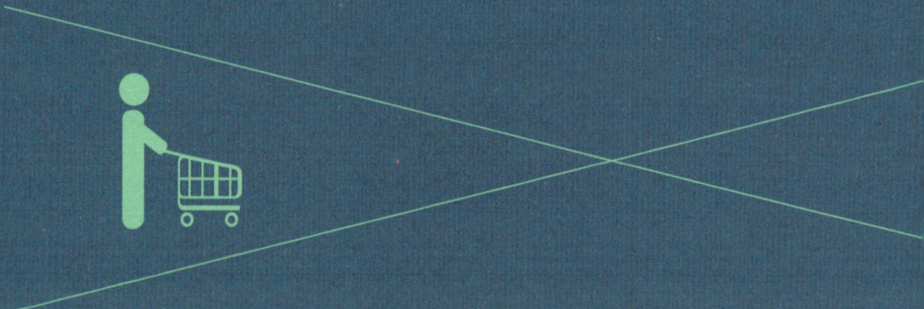

4

시장 수요

고만 형태와 시장 수요

01

개인의 마셜수요함수 $x_i(p, m_i)$를 더하여 만든 총수요함수를 〈식 71〉과 같이 만들 수 있다.

$$\sum_{i=1}^{N} x_i(p, m_i) = X_i(p, M), \sum_{i=1}^{N} m_i = M \qquad \text{〈식 71〉}$$

이때 총수요함수는 두 가지를 만족해야 한다. 첫째, 총수요함수가 정해지면 상품 j의 가격이 하락했을 때 해당 수요는 증가해야 한다. 즉 총수요함수는 수요 법칙을 만족한다. 둘째, 총수요함수는 소득 배분과는 독립적이다. 수요함수는 소득 배분 $(m_1, \cdots, m_N)$이 아니고 그 합 M에 영향을 받는다.

개인의 수요함수가 어떠한 형태를 띠고 있을 때 총수요함수가 두 성질을 만족하는지 알아보고자 한다. 마셜수요함수와 간접효용함수는 동일한 정보를 갖고 있기 때문에 연관된 간접효용함수를 이용하여 이 내용을 확인한다.

개인 i의 간접효용함수는 〈식 72〉와 같은 특별한 형태인 고만 형태(Gorman form)를 갖는다.

$$v_i(p, m_i) = a_i(p) + b(p)m_i,\ b(p) > 0 \qquad \text{〈식 72〉}$$

고만 형태는 상품의 상대 가격이 변할 때 각 개인의 효용에게 미치는 효과 $a_i(p)$가 다르다는 것을 의미한다. 하지만 각 개인의 소득 변화가 한계 효용에 미치는 효과 $b(p)$, 즉 소득의 한계성향(marginal propensity)은 동일하다고 본다. 이것은 매우 강한 가정이다.

여기서 개인의 간접효용함수가 고만 형태를 가지고 있다는 것은 총수요함수가 두 가지 성질을 만족하며 동일하다는 것을 증명한다. 이를 위해 다음 두 주장을 증명한다.

첫째, 개인의 간접효용함수가 고만 형태를 가지고 있으면 개인의 수요함수를 더해 만든 총수요함수가 두 가지 성질을 만족한다.

둘째, 총수요함수가 개인의 수요함수를 더하여 만들어질 수 있다면 개인 수요함수와 관련된 간접효용함수는 고만 형태를 갖는다. 따라서 첫 번째 주장에 따라 총수요함수는 수요 법칙을 만족한다. '부록 7'에서 이를 증명한다.

첫 번째 주장을 증명한다. 고만 형태의 간접효용함수인 〈식 72〉를 다시 놓는다.

$$v_i(p, m_i) = a_i(p) + b(p)m_i,\ b(p) > 0 \qquad \text{〈식 72〉}$$

간접효용함수 성질 〈식 35〉로부터 $\dfrac{\partial v_i}{\partial p_j} < 0,\ \dfrac{\partial v_i}{\partial m_i} > 0$

혹은 $\dfrac{\partial v_i}{\partial p_j x} = \partial a_i(p)\,\partial p_j + \partial b(p)\,\partial p_j,\ < 0,\ \ b(p) > 0.$

간접효용함수 $v(p, m_i)$로부터 로이의 항등식 〈식 58〉에 의해 얻는 상품 j의 마셜수요함수는 〈식 73〉을 갖는다.

$$x_i^j(p, m_i) = -\frac{\dfrac{\partial v_i(p, m_i)}{\partial p_j}}{\dfrac{\partial v_i(p, m_i)}{\partial m_i}} = -\frac{\dfrac{\partial a_i(p)}{\partial p_j} + \dfrac{\partial b(p)}{\partial p_j}m_i}{b(p)}$$

$$= -\frac{\dfrac{\partial a_i(p)}{\partial p_j}}{b(p)} - \frac{\dfrac{\partial b(p)}{\partial p_j}}{b(p)}m_i \qquad \text{〈식 73〉}$$

$-\dfrac{\dfrac{\partial a_i(p)}{\partial p_j}}{b(p)} = \alpha_i^j(p),\ -\dfrac{\dfrac{\partial b(p)}{\partial p_j}}{b(p)} = \beta^j(p)$라고 한다면 〈식 73〉을 〈식 74〉와 같이 쓸 수 있다.

$$x_i^j(p, m_i) = \alpha_i^j(p) + \beta^j(p)m_i \qquad \text{〈식 74〉}$$

위의 개인의 수요함수를 더하면 상품 j의 총수요함수인 〈식 75〉를 구할 수 있다.

$$X^j(p,M) = \textstyle\sum_{i=1}^{N} \alpha_i^j(p) + \beta^j(p)M,\ \sum_{i=1}^{N} m_i = M \qquad \text{〈식 75〉}$$

총수요함수는 소득 배분에 영향을 받지 않고 그 합계에 영향을 받는다. 이때 총수요함수는 어떤 대표적인 개인의 수요함수와 같다는 것을 보여 줄 수 있다. 이는 총 수요함수가 수요 법칙을 갖는다는 것을 의미한다.

개인의 간접효용함수 〈식 72〉를 더해 대표적인 개인의 간접효용함수를 만든다.

$$V(p, M) = \sum_{i=1}^{N} a_i(p) + b(p)\sum_{i=1}^{N} m_i = A(p) + b(p)M \qquad \text{〈식 76〉}$$

$$\sum_{i=1}^{N} a_i(p) = A(p),\ \sum_{i=1}^{N} m_i = M$$

〈식 76〉의 소득에 대한 미분 값이 $\frac{\partial V(p, M)}{\partial M} = b(p) > 0$이다. 〈식 72〉의 가격 p_j에 대한 미분 값이 $\frac{\partial a_i(p)}{\partial p_j} + \frac{\partial b(p)}{\partial p_j} m_i < 0$이다. 따라서 $\frac{\partial V(p, M)}{\partial p_j} = \sum_{i=1}^{N} \frac{\partial a_i(p)}{\partial p_j} + \frac{\partial b(p)}{\partial p_j} \sum_{i=1}^{N} m_i < 0$이다. 그러므로 $V(p, M)$은 대표적인 개인의 간접효용함수가 된다.

대표적인 개인의 간접효용함수 〈식 76〉으로부터 로이의 항등식 〈식 58〉을 이용해 〈식 77〉과 같은 마셜수요함수를 도출한다.

$$-\frac{\frac{\partial V(p,M)}{\partial p_j}}{\frac{\partial V(p,M)}{\partial M}} = -\sum_{i=1}^{n} \frac{\frac{\partial a_i(p)}{\partial p_j}}{b(p)} - \frac{\frac{\partial b(p)}{\partial p_j}}{b(p)} M = -\sum_{i=1}^{n} \alpha_i^j(p) + \beta^j(p)M \qquad \text{〈식 77〉}$$

이 대표적인 개인의 마셜수요함수 〈식 77〉과 총수요함수 〈식 75〉는 같다. 대표적인 개인의 수요함수는 수요 법칙을 만족하기 때문에 총수요함수 역시 수요 법칙을 만족한다. 지금까지 개인 수요함수를 더하면 총수요함수가 위의 두 가지 성질을 만족하는 것을 보여 주었다.

둘째 총수요함수가 개인의 수요함수를 더하여 만들어질 수 있다면 개인의 수요함수와 관련된 간접효용함수는 고만 형태를 갖는다. 이를 아래와 같이 증명한다. 상품 j에 대한 N명의 마셜수요 $x_i^j(p, m_i)$를 더해 총수요는 〈식 78〉과 같이 구해진다.

$$X^j(p, M) = \sum_{i=1}^{N} x_i^j(p, m_i) \qquad \text{〈식 78〉}$$

이 〈식 78〉은 총수요가 소득의 배분과 관계없이 정의된다는 조건이 필요하다는 것을 의미한다. 〈식 78〉을 개인 i의 소득 m_i에 대해 미분을 하면 〈식 79〉가 구해진다.

$$\frac{\partial X^j(p, M)}{\partial M} \frac{\partial M}{\partial m_i} = \frac{\partial x_i^j(p, m_i)}{\partial m_i} \qquad \text{〈식 79〉}$$

$\frac{\partial M}{\partial m_i} = 1$이므로 모든 $\frac{\partial x_i^j(p, m_i)}{\partial m_i}$는 동일하다. 즉 〈식 80〉이 유지된다.

$$\frac{\partial x_i^j(p, m_i)}{\partial m_i} = \frac{\partial x_k^j(p, m_k)}{\partial m_k} \qquad \text{〈식 80〉}$$

〈식 80〉은 상품 j에 대한 각 개인 i의 마셜수요가 〈식 81〉과 같이 소득에 대해 선형이 되어야 한다는 것을 의미한다.

$$x_i^j(p, m_i) = \alpha_i^j(p) + \beta^j(p) m_i \qquad \text{〈식 81〉}$$

〈식 81〉의 $\alpha_i^j(p)$와 $\beta^j(p)$가 주어진다면 〈식 74〉로부터 $\alpha_i^j(p) = -\frac{\frac{\partial a_i(p)}{\partial p_j}}{b(p)}$와 $\beta^j(p) = -\frac{\frac{\partial b(p)}{\partial p_j}}{b(p)}$를 얻는다. 즉 개인 i에 대해 다음과 같은 $a_i(p)$와 $b(p)$에 관한 편미분 방정식의 체계를 얻는다.

$$\frac{\frac{\partial a_i(p)}{\partial p_j}}{b(p)} + \alpha_i^j(p) b(p) = 0 \qquad \text{〈식 82〉}$$

$$\frac{\frac{\partial b(p)}{\partial p_j}}{b(p)} + \beta^j(p) b(p) = 0 \qquad \text{〈식 83〉}$$

〈식 83〉의 편미분 방정식으로부터 $b(p)$를 구할 수 있다. 〈식 82〉의 편미분 방정식부터 $a_i(p)$를 구할 수 있다. 이로부터 〈식 81〉과 같은 개인 i의 수요함수를 낳는 고만 형태를 갖는 개인 i의 간접효용함수를 〈식 84〉와 같이 만든다.

$$v_i(p, m_i) = a_i(p) + b(p)m_i \qquad \text{〈식 84〉}$$

이 간접효용함수로부터 얻는 마셜수요함수는 로이의 항등식 〈식 58〉에 따라 아래와 같다.

$$x_i^j(p, m) = -\frac{\dfrac{\partial v}{\partial p_j}}{\dfrac{\partial v}{\partial m}} = -\frac{\dfrac{\partial a_i(p)}{\partial p_j} + \dfrac{\partial b(p)}{\partial p_j} m_i}{b(p)} = a_i^j(p) + \beta^j(p) m_i$$

이처럼 개인의 수요의 합이 총수요가 동일하기 위해서는 개인의 간접효용함수가 〈식 84〉와 같은 고만 형태를 가져야 한다.

효용함수와 고만 형태

02

1 동질 효용함수

고만 형태를 갖는 개인의 간접효용함수를 낳는 효용함수에는 어떤 것이 있는지 알아볼 필요가 있다. 효용함수가 〈식 85〉를 만족하면 효용함수가 동질적(homothetic 혹은 homogeneous)이라고 한다.

$$u(\alpha x) = \alpha u(x) \qquad \text{〈식 85〉}$$

이것은 기존 소비 조합의 각 상품의 비율에 따라 구입 수량이 α배 증가하면 효용 역시 α배 증가한다는 것을 의미한다. 효용함수의 동질성은 다른 상품의 수량이 변화하지 않고 한 상품의 수량만 변할 때 보이는 한계 효용 체감의 법칙과 다르다.

효용함수의 동질성이 고만 형태의 개인의 간접효용함수를 낳는 것을 보기 위해 〈식 85〉를 x_1에 대해 양변을 미분하여 〈식 86〉을 구한다.

$$\frac{\partial u(\alpha x)}{\partial(\alpha x_1)}\frac{\partial(\alpha x_1)}{\partial x_1}=\alpha\frac{\partial u(x)}{\partial x_1} \quad \text{〈식 86〉}$$

$\frac{\partial(\alpha x_1)}{\partial x_1}=\alpha$이기 때문에 〈식 86〉을 정리하면 〈식 87〉을 얻는다.

$$\frac{\partial u(\alpha x)}{\partial(\alpha x_1)}=\frac{\partial u(x)}{\partial x_1} \quad \text{〈식 87〉}$$

라그랑주 함수의 〈식 20〉에 〈식 87〉을 대입하여 〈식 88〉을 얻고, 〈식 21〉에 α를 곱하여 〈식 88′〉를 얻는다.

$$\frac{\partial L}{\partial x_i}=\frac{\partial u(\alpha x)}{\partial(\alpha x_i)}-\lambda p_i=0,\ i=1,2,\cdots,n \quad \text{〈식 88〉}$$

$$\frac{\partial L}{\partial\lambda}=\alpha m-p\alpha x=0 \quad \text{〈식 88′〉}$$

이것은 소득이 αm이고 가격이 여전히 p이면 최적 소비는 αx이라는 것을 의미한다. 따라서 소득이 α배 증가하면 최적 소비는 이전 상품 비율을 유지하면서 α배 증가한다. 따라서 간접효용함수의 정의에 따르면 $u(\alpha x)=v(p,\alpha m)$이다.

소득이 m이고 가격이 p이면 효용 극대화에서 얻는 수요는 x이다. 이때 간접효용함수의 정의에 따르면 $v(p, m) = u(x)$이다. 효용함수가 동질적이기 때문에 $u(\alpha x) = \alpha u(x)$이다. 이를 종합하면 〈식 89〉가 된다.

$$v(p, \alpha m) = u(\alpha x) = \alpha u(x) = \alpha v(p, m) \qquad \text{〈식 89〉}$$

$\alpha = m$으로 그리고 $m = 1$로 하면 $v(p, m) = mv(p, 1)$이 된다. 즉 $v(p, 1) = b(p)$로 하면 최종적으로 〈식 90〉과 같은 간접효용함수를 얻는다. 이때 $a_i(p) = 0$인 고만 형태를 얻는다.

$$v(p, m) = b(p)m \qquad \text{〈식 90〉}$$

이처럼 효용함수가 동질적이면 간접효용함수는 $v(p, m) = v(p)m$과 같은 특별한 고만 형태를 갖는다.

2 준선형 효용함수

개인 i의 효용함수가 〈식 91〉과 같은 형태를 갖고 있다면 준선형(quasilinear) 효용함수라고 한다.

$$U_i(x_1, x_2, \cdots, x_n) = u_i(x_2, \cdots, x_n) + x_1 \qquad \text{〈식 91〉}$$

여기서 x_1은 소비하지 않고 보유한 돈으로 볼 수 있다. 이를 뉴메레르(numeraire)라고 한다. 돈의 가격 p_1은 1이다. 효용 극대화 문제를 〈식 92〉와 같이 쓴다.

$$\max_{(x_1, \cdots, x_n)} u_i(x_2, \cdots, x_n) + x_1,\ x_1 + p_2 x_2 + \cdots + p_n x_n = m_i \quad \text{〈식 92〉}$$

〈식 92〉를 〈식 93〉과 같이 다시 쓴다.

$$\max_{(x_1, \cdots, x_n)} u_i(x_2, \cdots, x_n) + m_i - p_2 x_2 - \cdots - p_n x_n \quad \text{〈식 93〉}$$

1차 조건은 〈식 94〉와 같다.

$$\frac{\partial u_i}{\partial x_j} = p_j,\ j = 2,\ \cdots n \quad \text{〈식 94〉}$$

이때 개인 i에 대한 최적 소비 조합에서 상품 $j(\neq 1)$의 수요함수는 가격만의 함수 $x_j(p)$이다. 이것은 마셜이 소득은 고려하지 않고 개별 상품의 가격만으로 최적 소비를 찾는 것과 동일하다. 개인 i의 간접효용함수는 〈식 95〉와 같다.

$$V_i(p_2, \cdots, p_n, m_i) = u_i(x_2(p), \cdots, x_n(p)) + m_i - p_2 x_2(p) - \cdots - p_n x_n(p)$$

〈식 95〉

이를 〈식 96〉과 같이 다시 쓸 수 있다. 이때 $b(p)=1$인 고만 형태를 얻는다.

$$V_i(p_2, \cdots, p_n, m_i) = v_i(p) + m_i \qquad \text{〈식 96〉}$$

여기서 $u_i(x_2(p), \cdots, x_n(p)) - p_2 x_2(p) -, \cdots, -p_n x_n(p)$가 p의 함수이므로 이를 $v_i(p)$라 한다.

3 준선형 효용함수와 소비자 잉여

준선형 효용함수로부터 개인 수요함수가 도출된다. 이 개인 수요함수로부터 얻은 소비자 잉여를 더하면 총수요함수부터 얻은 소비자 잉여와 같다는 것을 보여 줄 수 있다. 즉 시장에서 혹은 정책적으로 일어난 가격 변화가 일으키는 사회적 잉여의 변화를 개별 소비자의 잉여의 변화 합으로 생각할 수 있다.

이 주장을 보여 주기 위해 상품 2와 돈(즉 상품 1)만 있다고 가정한다. 돈의 가격 $p_1 = 1$이라고 가정한다. 이때 고만 형태의 간접효용함수는

〈식 97〉을 갖는다.

$$v_i(p_2, m_i) = v_i(p_2) + m_i \qquad \text{〈식 97〉}$$

로이의 항등식 〈식 58〉로부터 얻는 상품 2에 대한 마셜수요함수는 〈식 98〉과 같다.

$$x_i(p_2, m) = -\frac{\dfrac{\partial v_i(p_2, m)}{\partial p_2}}{\dfrac{\partial v_i(p_2, m)}{\partial m}} = -\frac{\partial v_i(p_2)}{\partial p_2} \qquad \text{〈식 98〉}$$

〈식 98〉의 양변을 적분하면 〈식 99〉를 얻는다.

$$\int_{p_2}^{\infty} x_i(t, m)dt + c = v_i(p_2) - v_i(\infty) \qquad \text{〈식 99〉}$$

p_2가 무한대(∞)가 되면 〈식 99〉의 왼편은 c가 된다. 오른편의 $v_i(p_2) - v_i(\infty)$는 0이 된다. 그래서 c는 0이다.

〈식 99〉를 〈식 100〉과 같이 다시 쓴다. 이 식은 상품 2의 마셜수요함수로부터 얻는 개인 i의 소비자 잉여가 $v_i(p_2)$라는 것을 의미한다.

$$\int_{p_2}^{\infty} x_i(t, m)dt = v_i(p_2) \qquad \text{〈식 100〉}$$

앞서 총수요함수와 관련된 간접효용함수는 개인의 간접효용함수의 합이라고 하였다.

$$V(p_2, M) = (\sum_{i=1}^{N} (v_i(p_2) + m_i) = \sum_{i=1}^{N} v_i(p_2) + M = V(p_2) + M \qquad \langle 식\ 101 \rangle$$

이때 $\sum_{i=1}^{N} v_i(p_2)$를 $V(p_2)$로 하였다. 앞의 주장에 따라 총수요의 소비자 잉여는 $V(p_2)$이다. 그러므로 총수요의 소비자 잉여 $V(p_2)$, 즉 사회적 소비자 잉여는 개인의 소비자 잉여 $v_i(p_2)$의 합이다.

$$\sum_{i=1}^{N} v_i(p_2) = V(p_2) \qquad \langle 식\ 102 \rangle$$

소비자 효용이론과 공공재의 가치

CONSUMER UTILITY AND VALUE OF PUBLIC GOODS

5

공공재 공급에 관한 이론

공공재의 특성

01

1 공공재의 정의

재화는 공공재(public goods)와 시장재(market goods)로 구분된다. 시장재는 민간이 이윤을 목적으로 공급하는 재화이며, 공공재는 정부가 시민의 보편적 복지를 위해 무상으로나 낮은 가격에 제공하는 재화이다. 예를 들면 공공재는 도로, 공원, 노인복지회관, 문화·체육시설, 도서관 등 다양하다.

〈그림 58〉

시장재는 수요와 공급에 따라 시장에서 결정되는 가격이 있다. 소비자는 시장재의 가격이 주어진 것으로 받아들이고 정해진 소득 아래 효용을 극대화하기 위해 소비 행위를 한다. 시장재의 가치는 주관적인 효용을 화폐 단위로 환산한 것으로 이러한 합리적인 소비 행위에서 결정된다.

마셜과 힉스 등의 경제학자들은 상품 가격의 결정 과정뿐만 아니라 구입한 상품이 주는 효용 혹은 소비자 잉여에 관심을 갖고 분석하였다. 경제이론에 따르면 마지막으로 구입한 상품이 주는 가치는 가격과 동일하다.

시장재의 경우 가격과 가치를 바꾸어 사용할 수 있다. 공공재가 시장에서 결정되는 가격은 없지만 공공재를 포함한 소비 조합을 선택하는 경제적 행위를 관측하면 경제이론에 의해 소비자가 부여하는 공공재의 가치를 추산할 수 있다.

2 공공재의 특성

(a) 비배타성

공공재인 도로나 공원의 예를 보면 나의 이용이 타인의 이용을 방해하지 않는다. 따라서 공공재는 모든 개인이 이용할 수 있는 비배타성(nonexcludability)을 갖고 있다고 볼 수 있다. 비배타성은 공공재의 적정한 공급 수준과 부담율을 결정하는 데 장애가 된다.

(b) 일반적으로 가격이 없거나 통제된 가격

운전자는 통행료를 지불하지 않고 무상으로 시내도로를 이용한다. 이에 비해 도로공사가 운영하는 고속도로는 통행료를 지불하고 이용한다. 그 통행료는 시장에서 이윤을 목적으로 결정된 것이 아니라 고속도로 건설 및 유지 비용을 감안하고 이용자의 부담을 고려하여 정책적으로 결정된 것이다.

도로공사가 운영하는 고속도로의 통행료는 민간이 운영하는 유료도로의 통행료보다 일반적으로 낮다. 앞서 민간이 공급하는 시장재의 가격은 가치와 일치한다고 설명하였다. 운전자는 민간의 유료도로이건 도로공사의 고속도로이건 동일한 효용을 얻을 수 있다. 따라서 운전자가 도로공사의 고속도로 사용으로 얻는 가치는 지불한 통행료보다 클 수 있다.

공공재는 가격과 가치가 일치하지 않으며 일반적으로 가치가 가격보다 크다. 이런 의미에서 공공재의 신규 공급과 운영에 관해 의사를 결정할 때에는 가치가 가격보다 중요하며 가치를 산출할 필요가 있다. 뒤에서는 가치를 편익이라는 용어로 사용한다.

(c) 공공재 공급 규모에 있어 시장 실패

공공도서관은 모든 시민에게 무료로 개방되는 대표적인 공공재이다. 공공도서관은 시민의 지적·문화적 욕구를 만족시키고 건전한 시민 양

〈그림 59〉

성에 중요한 기능을 한다. 공공도서관은 도서 대출, 정보 제공, 문화 프로그램 운영, 커뮤니티 활동 지원 등 다양한 서비스를 제공한다.

도서관의 공급을 민간에게 맡긴다면 이윤 극대화를 위해 입장료를 받아 시민의 접근성을 제한하거나 이윤이 많은 도서 대출 사업에만 집중할 수 있다. 하지만 그렇게 하지 않고 예산이 많이 들더라도 공공도서관이 무료로 많은 시민이 방문하도록 하고 유익한 기능을 다양하게 제공하는 것은 사회적 잉여가 크기 때문이다.

〈그림 60〉에서 보듯 우하향 선은 수요 곡선이고 좌상향 선은 공급 곡선이다. 만약 도서관 공급을 민간에게 맡긴다면 수요 곡선과 공급 곡선이 만나는 q_0만큼 규모와 기능을 가진 도서관을 제공할 것이다. 반면 정부는 도서관을 무료로 제공하고 q_1만큼 규모와 기능을 가진 도서관을

무상으로 제공한다.

사회적 잉여는 색칠한 부분인 삼각형 ODq_1이고 공급 비용은 삼각형 OSq_1의 면적이다. 사회적 잉여가 공급 비용보다 크다면 정부가 더 많은 사람이 이용하고 다양한 편익을 얻도록 도서관을 무료로 운영하는 것이 바람직하다.

〈그림 60〉

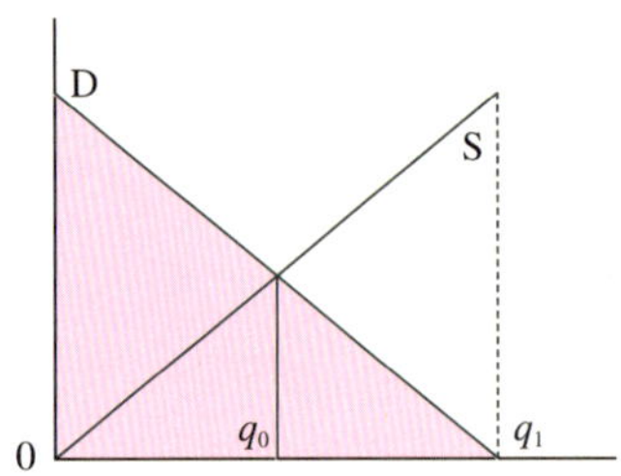

(d) 공공재 서비스가 제공하는 편익의 다양성

노인복지관, 도서관 등 지역 주민의 후생과 복리를 위해 공급되는 공공재는 복합 기능을 가지고 있다. 노인복지관을 예로 들면 체육 활동, 문화 활동, 일자리 알선 등 다양한 서비스를 갖추고 있어서 지역 주민에게 다양한 가치나 편익을 제공한다. 따라서 노인복지관은 이러한 편익들을 개별적으로 측정하고 합산하여 총체적인 공공적 가치를 측정하여야 한다.

(e) 사용 가치와 비사용 가치의 혼합

공공재인 박물관은 발굴 및 보존, 연구, 교육, 전시 등 다양한 기능을 한다. 방문객은 전시물을 보거나 일부 교육에 참여하여 효용을 얻는다. 방문객이 박물관의 일부 기능으로부터 효용이나 편익을 얻기 때문에 박물관은 사용 가치를 갖는다.

한편 발굴 및 보존, 연구는 박물관의 중요한 기능이며 문화적·학술적 가치를 가지고 있다. 방문객과 방문하지 않은 일반 시민에게 이러한 활동은 비사용 가치가 된다. 이처럼 박물관은 사용 가치와 비사용 가치를 모두 가지고 있다. 박물관의 공공적 가치를 측정하려면 모든 가치를 고려해야 한다.

전체 가치 = 사용 가치 + 비사용 가치

공공재의 공급 수준의 부적정

02

1 시장에서 공공재 공급 수준의 부적정

개인이 선호에 근거해 공공재에 부담하는 비용과 그 효용을 감안하여 적정한 공급 수준을 결정할 수 있다고 가정한다. 그가 선호에 따라 진실되게 공공재 공급 수준을 정하고 상응하는 비용을 부담한다면 사회적으로 적정한 전체적인 공급 수준을 정할 수 있다.

하지만 일부 개인은 공공재의 비배타성 때문에 비용 부담을 하는 추가적인 공공재 공급은 주저하고 타인이 공급한 공공재를 이용하는 것이 더 큰 효용을 주기 때문에 무임승차를 한다. 이 경우 공공재는 사회적으로 적정한 수준으로 공급될 수 없다.

공공재의 단위 가격을 1이라 한다. 단순성을 위해 두 명의 개인이 공공재를 g_1, g_2만큼 구입한다고 가정한다. 공공재는 배타성이 없기에 소비자는 자신이 공급한 공공재뿐만 아니라 타인이 공급한 공공재를 이용하고 효용 $u_i(g_1+g_2)$를 얻는다.

개인 1은 개인 2의 공공재 선택 g_2가 주어지면 또 개인 2는 개인 1의 공공재 선택 g_1이 주어지면 자신의 효용을 극대화하는 공공재 수량을 선택한다. 효용 극대화 문제는 〈식 103〉과 〈식 104〉와 같이 표현한다. 개인 1과 개인 2의 소득을 m_1과 m_2라 한다. 공공재와 관련된 효용은 준선형 효용함수에 의해 표시된다.

$$\max_{g_1} u_1(g_1+g_2)+m_1-g_1,\ g_1 \geq 0 \quad \text{〈식 103〉}$$

$$\max_{g_2} u_1(g_1+g_2)+m_2-g_2,\ g_2 \geq 0 \quad \text{〈식 104〉}$$

이 극대화 문제는 일종의 비협조적인(noncooperative) 내쉬(Nash) 게임이다. 극대화 문제의 해를 알려 주는 쿤과 터커(Kuhn-Tucker)의 1차 조건은 〈식 105〉와 〈식 106〉과 같다.

$$\frac{\partial u_1(g_1+g_2)}{\partial g_1}-1 \leq 0 \quad \text{〈식 105〉}$$

$$\frac{\partial u_2(g_1+g_2)}{\partial g_2}-1 \leq 0 \quad \text{〈식 106〉}$$

$\frac{\partial u_1(g_1+g_2)}{\partial g_1}=1$이고 $\frac{\partial u_2(g_1+g_2)}{\partial g_2}<1$인 경우가 있다. 이것은 개인

1의 공공재에 대한 한계 효용은 크고 개인 2의 한계 효용은 적다는 것을 의미한다. 그때 내쉬 게임의 균형(equilibrium)은 $g_1 > 0$와 $g_2 = 0$이다.

$g_1 > 0$와 $g_2 = 0$의 의미를 〈식 107〉과 〈식 108〉에서 설명할 수 있다.

$$u_1(g_1) + m_1 - g_1 > u_1(0) + m_1 \quad \text{〈식 107〉}$$

$$u_2(g_1) + m_2 > u_1(g_1 + g_2) + m_2 - g_2 \text{ 혹은}$$

$$g_2 > u_1\ (g_1 + g_2) - u_2(g_1) \quad \text{〈식 108〉}$$

〈식 107〉은 개인 1은 개인 2가 공공재를 부담하지 않고 개인 1이 제공한 공공재를 무상으로 이용하더라도 공공재가 없는 것보다 있는 것이 좋기 때문에 공급을 혼자 부담하는 것을 반영한다. 〈식 107〉의 오른편은 개인 1이 공공재를 g_1만큼 주고 공급할 때 얻는 효용이고 왼편은 공공재가 없이 사적재만을 소비할 때 얻는 효용이다. 오른편의 효용이 왼편의 효용보다 크므로 개인 1은 공공재를 공급한다.

〈식 108〉의 의미는 개인 2가 $g_2(>0)$만큼 지불하고 공공재를 추가로 공급할 때 얻는 한계 효용, $u_1(g_1 + g_2) - u_2(g_1)$이 그로 인해 잃어버리는 사적재의 한계 효용 g_2보다 작다는 것이다. 당연히 개인 2는 공공재 공급을 위해 지불하지 않고 개인 1이 이미 공급한 공공재에 무임승차하는 것으로 만족한다.

이처럼 공공재 공급을 시장에 맡겨 놓으면 일부 개인이 공공재 공급을 부담하지 않기 때문에 공공재는 사회적으로 적정한 수준보다 적게 공급될 수 있다. 즉 민간 시장에서 공공재의 공급은 효과적이지 않다.

2 투표에 의한 공공재 공급의 부적정

일부를 제외한 다수의 사람이 자신의 선호에 따라 공공재 수준을 정하고 상응하는 비용을 지불한다고 가정한다. 그러므로 다수결이 동의하여 결정한 공공재 수준을 고려할 수 있다. 하지만 다수결로 정한 공공재 수준은 사회적으로 적정한 공급 수준과 일치하지는 않는다.

공공재의 단위 가격은 1이다. 사회는 공공재 공급에 관한 다수결 의견이 이루어지면 개인 i는 공공재 수량 G의 원가 가운데 s_iG를 지급한다. 즉 s_i는 개인 i의 공공재 비용 부담률이고, N명이 있을 때 $\sum_{i=1}^{N} s_i = 1$이다.

개인 i가 공공재 수량 G를 구입한다면 부담 비용은 s_iG이고 얻는 효용은 $u_i(G)$이다. 나머지 소득 $m_i - s_iG$를 현금으로 보유한다. 이때 개인 i의 효용은 〈식 109〉와 같다.

$$u_i(G) + m_i - s_i\, G \quad \text{〈식 109〉}$$

〈식 110〉의 부등식이 성립하면 개인 i는 효용 극대화를 위해 s_i를 지급하고 공공재 G를 소비한다.

$$u_i'(G) \geq s_i$$ 〈식 110〉

개인의 수가 N(홀수)이면 중간 값의 개인은 $\frac{N+1}{2}=m$이다. $s_1 < s_2 < \cdots < s_m$ 순으로 개인의 순서를 정리한다. 이들 m명에게 〈식 111〉이 성립하면, 즉 이들이 공공재 G_v만큼 구입하기로 결정해 다수결 찬성이 이루어진다.

$$u_i'(G_v) > s_i,\ i=1,\ \cdots,\ m-1\ and\ u_m'(G_v) = s_m$$ 〈식 111〉

이때 N명의 개인은 각각 s_iG_v만큼 지급하도록 한다. $\sum_{i=1}^{N} s_i = 1$이기 때문에 공공재 G_v만큼 공급할 수 있다.

〈그림 61〉

정부가 개인의 공공재 효용 $u_i'(G_e)$을 안다면 최적 공공재 공급을 위한 〈식 112〉는 다음과 같다. 이 식은 개인의 공공재 한계 효용의 합이 공공재의 단위 가격 1과 같아야 한다는 것을 의미한다. 따라서 G_e는 가장 효율적인 공공재 공급 수준이다.

$$\sum_{i=1}^{N} u_i'(G_e) = 1 \qquad \text{〈식 112〉}$$

〈식 112〉의 양변을 N으로 나누고 이를 〈식 113〉과 같이 다시 쓴다.

$$\frac{1}{N}\sum_{i=1}^{N} u_i'(G_e) = \frac{1}{N}$$

$$\text{혹은 } \frac{d}{dx}\left(\frac{1}{N}\sum_{i=1}^{N} u(G_e)\right) = \frac{1}{N} \qquad \text{〈식 113〉}$$

$\frac{1}{N}\sum_{i=1}^{N} u(G_e)$는 공공재 효용의 평균이다. 〈식 113〉은 평균 효용의 미분 값이 $1/N$이 될 때 사회적으로 적정한 공공재 G_e가 공급되는 것을 의미한다. 반면 다수결 투표에 따르면 공공재 효용의 중간 값의 미분 값 $u_m'(G_v)$가 s_m이 될 때, 즉 $u_m'(G_v) = s_m$일 때, 공공재 G_v가 공급된다. 따라서 다수결 투표에 따른 공공재 공급은 적정 수준이 아닐 수 있다.

공공재 편익의 식별과 측정

03

공공재의 결정을 개인에게 맡기면 공공재 수준이 사회적으로 적정하지 않게 결정될 수 있다. 이 문제점을 극복하기 위해 우선 정부가 적정한 공공재의 공급 규모와 기능을 결정한다. 정부가 주어진 규모의 공공재의 가치를 계산했을 때 가치가 공공재 비용보다 크다면 공공재를 공급하는 것이 적정하다고 볼 수 있다. 공공재의 가치를 계산하려면 공공재가 갖는 다양한 편익을 식별하고 측정하여야 한다.

1 식별

공공재는 다양한 서비스를 제공하며 사용 가치와 비사용 가치를 모두 가지고 있다. 공공재의 가치를 측정하기 위해 각각의 서비스를 구분하고 사용 가치와 비사용 가치를 모두 고려한다. 공공재의 성격, 프로그램과 활동, 시민의 선호를 감안하여 서비스 종류와 그와 관련된 사용 가치와 비사용 가치의 목록을 만들고 편익을 식별(identification)한다.

안타깝게도 공공재가 명시적으로나 묵시적으로 창출하는 모든 편익과 가치를 식별하는 것은 불가능하다. 주거지 인근 숲을 예로 살펴보자. 이런 숲은 자연 공원으로 가치가 있는 공공재이다. 숲이 등산, 탐방 등 다양한 활동의 공간으로 제공하는 편익은 쉽게 식별할 수 있다. 하지만 숲이 주는 대기오염 절감, 더위 감소 등 기후와 환경에 미친 효과에서 얻는 편익은 과학적인 연구가 이루어져야 하기 때문에 쉽게 식별되지 않는다.

2 측정

공공재가 가진 모든 편익을 확인한 뒤 개별 편익을 화폐적 단위로 측정(measurement)한다. 개별 편익을 측정하는 대표적인 방법으로 객단가(value per user)가 있다. 이용자의 편익이 동일하다고 가정할 때 개인의 편익은 객단가가 된다. 이용자가 얻는 편익인 객단가는 경제이론에 근거해 산출한다. 공공재의 개별 편익은 이용자 수에 객단가를 곱하여 얻는다.

공공재의 개별 편익 = 이용자 수 × 객단가

한편 연령이나 주소지에 따라 이용자가 그룹별로 나뉘고 그룹별로 편익(객단가)이 다를 수 있다. 그룹은 $i = 1, \cdots, n$으로 표시된다. 이 경우 공공재의 개별 편익은 다음과 같이 결정된다.

$$\text{공공재의 개별 편익} = \sum_{i=1}^{N}(i\ \text{그룹 이용자 수} \times i\ \text{그룹 객단가})$$

현시선호에 의한 공공재 가치 측정

04

공공재의 개별 편익을 측정하거나 객단가를 파악하는 것은 쉬운 일이 아니지만 다양한 방법으로 접근할 수 있다. 먼저 측정 방법을 개념적 측면에서 두 가지로 구분하여 설명하겠다.

우선 경제이론에 근거해 공공재를 포함한 소비 조합을 선택할 때 이루어진 행위를 분석하고 이때 민간 대체재의 가격이나 검증이 가능한 자료에서 공공재의 가치를 측정할 수 있다. 이를 '현시선호(revealed preference)에 의한 측정'이라고 한다. 현시선호는 이미 공급된 공공재와 관련된 소비 행위를 관찰하기 때문에 사후적인 공공재 가치 측정이다.

다음으로, 실제 소비 행위를 분석하여 공공재의 가치를 측정하는 것이 불가능하면 이용자나 이해 당사자에게 설문을 활용해 공공재에 대한 지불 의사 금액을 물어 공공재의 가치를 측정한다. 이를 '진술선호(stated preference)에 의한 측정'이라고 한다. 대표적인 진술선호에 의한

〈그림 62〉

공공재의 가치를 측정하는 방법으로는 실제 소비 행위를 분석하는 현시선호 방법과 이용자나 이해 당사자에게 지불 의사 금액을 설문하여 측정하는 진술선호 방법이 있다.

측정으로 조건부 가치 측정(contingent valuation method)이 있다.

비사용 가치가 많은 공공재 혹은 현존하지 않는 새로운 유형의 공공재 등은 소비 행위를 관찰하거나 분석할 수 없으므로 부득이 진술선호에 의해 가치를 측정한다. 조건부 가치 측정은 공급 계획인 공공재의 가치 측정을 위해 많이 사용되는 사전적인 가치 측정 방법이다.

다음에서 현시선호에 의한 측정의 몇 가지 사례를 살펴보자.

1 자연공원의 가치(여행법)

공공재를 구입하면 1, 구입하지 않으면 0으로 한다. 공공재를 구입할 때 비용을 지불한다. 이때 공공재를 구입하면 사적재의 구입이 x에서 x'

로, 보유 현금이 m에서 m'로 바뀌었다. 그러면 소비 조합이 $(x, 0, m)$에서 $(x', 1, m')$로 변한다.

만약 $(x', 1, m')$와 $(x, 0, m)$에 대한 소비자의 선호를 알 수 있다면 공공재에 부여하는 소비자의 가치를 추정할 수 있다. 즉 $(x', 1, m') \succsim (x, 0, m)$ 혹은 $(x', 1, m') \sim (x, 0, m)$에 따라 공공재의 가치를 측정할 수 있다. 이와 관련된 사례를 보여 준다.

(a) 여행법에 관한 이론

국립공원의 가치를 측정하는 대표적인 방법은 여행법(travel method)이다. 개인이 국립공원을 방문하기 위해 지출하는 비용으로 이들이 부여하는 가치를 측정하는 방법이다. 이 방법은 국립공원뿐만 아니라 수

〈그림 63〉

여행법은 개인이 국립공원이나 수변공원, 공공 캠핑장 등 다양한 공공시설을 방문하기 위해 지불하는 비용으로 공공시설의 가치를 측정하는 방법이다.

변공원, 공공 캠핑장 등 다양한 공공시설에 응용할 수 있다.

개인의 소비자 잉여를 더해 사회적 잉여를 구하려면 효용함수가 준선형이어야 한다. 여기서는 국립공원의 공공적 가치를 측정하기 위해 준선형 효용함수를 사용한다. 개인 i가 국립공원을 방문하기 전 일반 상품 x를 구입하고 현금 m을 보유하면 〈식 114〉와 같은 효용을 얻는다.

$$u_i(x)+m \quad \text{〈식 114〉}$$

개인 i는 이번 달 국립공원을 방문하기 위해 교통비, 숙박비, 식비, 입장료 등 여행 비용을 지출한다. 주거지로부터 국립공원까지의 거리에 따라 교통비는 다르다. 자가용, 버스, 항공기 등 교통수단에 따라서

〈그림 64〉

국립공원을 방문하기 위해 지출하는 비용은 개인에 따라 매우 다르다. 교통비만 해도 거리나 교통수단에 따라 달라질 수밖에 없다.

도 교통비가 다르다. 또한 소득과 선호에 따라 저렴한 모텔에 머물 수도 있고 고급 호텔에 머물 수도 있으므로 숙박에 지출하는 비용도 다르다. 이처럼 개인이 국립공원을 여행할 때 지출하는 비용은 다르다.

개인 i의 국립공원 방문 비용을 e_i, 이로부터 얻는 효용을 $v_i(1)$이라고 한다. 오랜 동안 많은 비용을 들여 계획을 세운 '국립공원 방문'이라는 소비는 일상적인 상품과 상호 관련이 없다고 가정한다. 그러면 국립공원 방문은 일상적인 상품에 대한 한계 효용에 영향을 미치지 않는다. 따라서 국립공원 방문에 관한 효용함수는 분리된다.

개인 i가 공원 방문을 포함해 전체적으로 얻는 효용은 〈식 115〉와 같다. 전체 효용함수는 여전히 준선형 함수이다.

$$v_i(1) + u_i(x) + m - e_i \qquad \text{〈식 115〉}$$

부등식 〈식 116〉과 〈식 117〉이 유지된다면 개인 i는 국립공원을 방문한다. 왼편에 있는 국립공원 방문으로부터 얻는 효용이 오른편에 있는 그렇지 않을 때 얻는 효용보다 크다. 즉 개인 i의 선호가 $(x, 1, m-e_i) \succcurlyeq (x, 0, m)$이면 공원을 방문한다. 개인의 국립공원 방문에 대한 선호가 현시된다.

$$v_i(1) + u_i(x) + m - e_i \geq v_i(0) + u_i(x) + m \qquad \text{〈식 116〉}$$

$$\text{혹은 } v_i(1) \geq e_i \qquad \langle \text{식 } 117 \rangle$$

따라서 개인 i가 부여하는 국립공원에 대한 효용이나 가치 $v_i(1)$은 최소한 e_i이다. $v_i(t)-e_i$는 개인 i가 갖는 소비자 잉여이다. 따라서 개인의 e_i를 더하면 최소한의 국립공원에 대한 효용이나 가치를 구할 수 있다.

2 공공체육관

최근 문을 연 공공체육관이 발생하는 효용을 분석해 보자. 공공체육관이 개관하기 전에 소비자는 민간체육관을 이용했다고 가정한다. 이 공공체육관은 민간체육관과 동일한 서비스를 제공하기 때문에 이전과 동일한 효용을 얻는다. 하지만 민간체육관 이용 가격이 5만 원 더 싸다

〈그림 65〉

고 가정한다. 한편 공공체육관 공급에 관한 정부 정책은 소득에 영향을 주지 않는다.

소비자가 공공체육관을 이용하면 1로 하고 이용하지 않으면 0으로 한다. 한편 공공체육관을 이용하지 않으면 민간체육관을 이용한다. 개인이 민간체육관에서 공공체육관으로 바꿔 이용하더라도 나머지 상품의 소비는 같다. 공공체육관을 이용하면 사적재의 구입이 x에서 x'로 변화한다. x는 민간체육관을 포함하고 있고 x'는 포함하고 있지 않다.

민간체육관 대신 공공체육관을 이용하면 소비 조합이 $(x, 0)$에서 $(x', 1)$로 변한다. 공공체육관과 민간체육관이 동일한 서비스를 제공하므로 소비자의 선호는 $(x, 0) \sim (x', 1)$이다. 또는 $u(x.0) = u\left(x', 1\right)$이다. 이처럼 공공체육관이 제공될 때 소비자의 선호에 관한 정보를 구할 수 있기 때문에 선호가 현시되었다고 본다.

체육관의 선택이 타 상품의 소비에 영향을 미치지 않으므로 효용함수는 분리되고 준선형이다. 공공체육관을 이용하면 보유 현금이 m에서 $m + 50{,}000$원으로 변한다. 그러면 공공체육관과 민간체육관을 이용할 때 효용은 〈식 118〉과 〈식 119〉와 같다.

$$u(x.0) + m \qquad \text{〈식 118〉}$$

$$u\left(x', 1\right) + m + 50{,}000 \qquad \text{〈식 119〉}$$

〈식 118〉은 이전 민간체육관을 이용할 때 얻는 효용이고 〈식 119〉는 공공체육관을 이용할 때 얻는 효용이다. 〈식 119〉의 효용에서 〈식 118〉의 효용을 차감하면 공공체육관을 이용함으로써 얻는 효용의 증가가 산출된다. 이 증가는 〈식 120〉과 같다.

$$u\left(x',\, 1\right)+m+50{,}000-(u(x.0)+m)=50{,}000 \qquad \text{〈식 120〉}$$

다행히 $u(x.0)=u\left(x',\ 1\right)$이므로 효용의 증가는 화폐 단위인 5만 원이 된다.

한편 이 같은 준선형 효용함수를 이용하지 않고 비용함수를 활용해 공공체육관이 가져오는 소비자 잉여를 계산할 수 있다. 소득은 변하지 않고 체육관 이용 비용만 변했기 때문에 보상 변이 〈식 62〉를 〈식 121〉처럼 다시 쓸 수 있다. 이때 소득이 변하지 않았다는 것에 유의한다.

$$CV=m^0-e\left(p',\, v(p^0,\, m^0)\right) \qquad \text{〈식 121〉}$$

소비자는 민간체육관 대신 5만 원 낮은 가격 p'에 동일한 서비스를 제공하는 공공체육관을 이용하고 타 상품은 이전과 같이 구입한다. 그러면 소비자는 이전의 효용 $v(p^0, m^0)$을 얻을 수 있다. 이때 지급하는 비용 $e\left(p',\, v(p^0,\, m^0)\right)$은 이전 지출 m^0보다 5만 원이 적다. 즉

$e\left(p' : v(p^0, m^0)\right) = m^0 - 50{,}000$. 이것을 ⟨식 121⟩에 대입하면 보상 변이값은 5만 원이 된다.

$$CV = m^0 - e\left(p', v(p^0, m^0)\right) = 50{,}000\text{원} \qquad \text{⟨식 122⟩}$$

이용료가 5만 원 적은 공공체육관은 소비자에게 5만 원에 해당하는 소비자 잉여를 제공한다. 따라서 직접 지출 비용 5만 원과 소비자 잉여 5만 원을 더하면 공공체육관의 효용은 민간체육관의 이용료 10만 원과 같아진다. 이때 마셜의 주장과 같이 민간체육관보다 5만 원 저렴한 공공체육관을 이용해 소비자 잉여가 5만 원 발생하고 다른 재화의 소비가 변하지 않았다고 가정했다.

앞에서 공공재에 대한 대체재인 민간재가 있다면 공공재의 가치를 산정하기 위해 민간재의 가격을 채택했다. 공공체육관의 가치는 1인당 효용(객단가)을 이용자 수에 곱하여 구할 수 있다. 이때 유의할 점은 이러한 민간체육관 비용을 공공체육관의 편익으로 하면 과소 측정할 수 있다는 것이다.

만약 소비자가 7만 원을 지불하고 공공체육관을 이용하면 민간체육관보다 나은 서비스를 얻고 더 많은 시간 동안 운동을 해서 더 큰 효용을 얻는다고 가정한다. 이때 소비자는 매월 등산을 하지 않고 그 비용 5만 원을 줄이더라도 전체적으로 동일한 효용을 얻을 수 있다. 힉스가 설명한 것처럼 다른 재화의 소비까지 변화한다.

이 경우 공공체육관에 지출한 비용 7만 원과 민간체육관과 등산에서 절감된 비용 15만 원을 감안하면 소비자 잉여는 8만 원 발생한 것이다. 따라서 공공체육관이 주는 편익은 이용 비용 5만 원과 소비자 잉여 8만 원을 더해 13만 원이 된다. 민간체육관의 비용을 공공체육관의 편익으로 대체하는 것은 최소한의 편익만 산출하는 것이라 볼 수 있다.

3 노인복지관

노인복지관은 다양한 시설과 프로그램을 운영하고 있다. 고령 이용자는 당구장, 탁구장, 운동시설, 컴퓨터실을 무상으로 이용한다. 노인복지관의 공공적 가치를 측정하려면 프로그램별, 운영시설별 편익을

〈그림 66〉

노인복지관에는 다양한 시설과 프로그램이 마련되어 있다. 노인복지관의 공공적 가치를 계산하기 위해서는 프로그램별, 운동시설별 편익을 계산해 합산해야 한다.

계산해 합산해야 한다. 이들 시설과 상응하는 민간시설이 있다면 앞서 설명한 공공체육관의 사례처럼 민간시설 이용료를 그 시설이 제공하는 편익으로 볼 수 있다.

고령자는 노인복지관을 규칙적으로 방문해 체육시설, 레크리에이션, 독서, 강좌, 친교 활동에 참여할 수 있다. 이러한 활동에 상응하는 민간시설의 유료 서비스가 없다면 어떻게 노인복지관의 공공적 가치를 추산할 수 있을까?

정기적으로 이용하면서 운동이나 레크리에이션과 같이 건강을 증진시켜 주는 프로그램을 이용하는 고령자가 그렇지 않은 고령자보다 의료비 지출이 적다는 연구가 있다면 이를 활용해 노인복지관이 갖는 하나의 편익을 추산할 수 있다. 우선 동일인이 노인복지관을 이용할 때와

〈그림 67〉

노인복지관에서 참여하는 활동에 상응하는 민간시설의 유료 서비스가 없다면, 이러한 활동에 참여하지 않는 고령자보다 의료비 지출이 적거나 타 상품 지출이 줄었다는 연구를 활용해 노인복지관의 공공적 가치를 추산할 수 있다.

이용하지 않을 때를 가정한다.

v과 nv은 각각 방문과 비방문을 알리는 더미이다. 특정한 개인이 노인복지관을 정기적으로 방문할 때 얻는 효용은 u^0이다고 한다. 그 개인이 지출하는 비용이 $e(p, v : u^0)$이다. 동일한 개인이 노인복지관을 이용하지 않는다면 질병이 더 발생하기 때문에 건강을 포함한 효용 u^0을 유지하기 위해 의료비를 더 지출할 것이다. 이때 의료비 지출이 증가했지만 동일한 효용을 유지하기 위해 타 상품에 대한 지출은 줄어들지 않았다고 가정한다. 이 경우 효용 u^0을 유지하기 위해 지출하는 비용은 $e(p, nv : u^0)$이다.

그때 〈식 123〉에 제시된 비용 차이가 노인복지관이 고령자의 건강을 증진시킴으로써 갖는 공공적 가치라고 할 수 있다. 왼편의 첫 번째 항은 노인복지관을 방문하지 않아 의료비가 증가할 때 지출하는 비용이고, 두 번째 항은 방문할 때 지출하는 비용이다. 즉 의료비 절감 비용이 노인복지관이 갖는 하나의 편익이 된다.

$$CV = e(p, nv : u^0) - e(p, v : u^0) \quad \text{〈식 123〉}$$

이 비용 차이를 추산하기 위해 연령, 성별, 주소 등과 같은 인구사회적 특성 비율이 모집단과 유사한 이용자와 비이용자의 표본을 각각 만든다. 건강보험심사평가원으로부터 의료비 지출 자료를 받아 두 집단

〈그림 68〉

2017년 상반기 건강보험 진료비 현황

구분		20**년 상반기
적용 인구 (명)	전체	5085만 ****
	65세 이상	665만 ****
	비율(%)	(13.*)
진료비 (억 원)	전체	33조 ****
	65세 이상	13조 ****
	비율(%)	(39.*)
1인당 월평균 진료비(원)	전체	11만 ****
	65세 이상	34만 ****

자료 국민건강보험공단, 건강보험심사평가원

의 지출 차이를 계산해 평균을 구한다. 의료비의 절감 비용 평균(객단가)을 이용자에 곱하면 노인복지관이 고령자 건강에 기여하는 공공적 편익을 계산할 수 있다.

또는 기존 연구에서 이용자와 비이용자의 혈압, 당뇨, 정형외과 질환 등에 비교 연구가 있다면 이를 토대로 비이용자가 부담해야 할 추가적인 치료 비용을 추산할 수 있다.

4 현시선호 사용의 주의점

현시선호에 의한 공공재 가치 측정에는 몇 가지 어려운 점이 있다. 우선 공공재가 여러 편익을 가지고 있기 때문에 공공재의 가치는 각 편익의 합계로 볼 수 있다. 현시선호에 의해 모든 편익을 식별·관찰하고 측정하는 것은 어렵다. 즉 어떤 편익은 인지하지 못해 현시되지도 않고 어떤 편익은 현시되지만 측정이 불가능할 수 있다.

방문자는 자연공원을 직접 걷고 봄으로써 효용을 얻고 이 때문에 여행 비용을 지불한다. 자연공원 방문의 효용이 동일 비용을 거주지에서 문화체육 활동에 지불했을 때 얻는 효용보다 크기에 자연공원을 방문했을 것이다. 이렇게 자연공원 방문자는 여행 비용을 지불함으로써 자연공원의 가치를 현시했다고 본다.

현시선호에 의한 가치 측정에는 방문자가 갈 수 없는 고지대의 희귀 동식물과 그 서식처의 보존에 관한 효용이 제외된다. 자연자원의 보존은 방문객뿐만 아니라 방문하지 않은 전체 사회 구성원에게 중요한 가치를 제공한다. 이러한 희귀 동식물, 자연 지형 등 공원의 환경이 갖는

〈그림 69〉

희귀 동식물, 자연 지형 등 공원의 환경이 갖는 가치를 모두 찾아 현시선호에 의해 편익을 식별하고 이로써 자연공원의 가치를 측정하는 것은 불가능하다.

가치를 모두 찾아 현시선호에 의해 각각의 편익을 식별한다는 것은 불가능하며 더욱이 화폐적 가치를 계산한다는 것은 어렵다. 이처럼 여행 비용에 의한 현시선호 측정 방법은 공공재 가치를 측정하는 데 한계가 있고 결과적으로 과소 측정할 수 있다.

노인복지관 사례에서는 건강 증진의 편익을 의료비 절감 금액으로 측정하였다. 하지만 노인복지관은 교제와 여러 활동을 통해 정신적 안정과 긍정적 생활 등 다양한 편익을 제공한다. 이러한 편익은 고령자에 대한 설문, 전문가 연구 등에서 확인·식별될 수 있다. 그러나 이들 편익은 현시선호에 의해 얻어진 민간 대체시설의 비용이나 의료비 절감 금액만큼 구체적인 화폐적 효용으로 측정하기 어렵다.

〈그림 70〉

노인복지관에서 제공하는 다양한 커뮤니티 활동으로 얻은 편익은 구체적인 화폐적 효용으로 측정하기 어렵다.

공공재에 대한 소비자의 지불 의사 금액

05

정부는 적정한 공공재의 규모를 정하더라도 앞서 언급한 것처럼 공공재의 가치를 완전히 파악할 수 없다. 대신 개인이 공공재의 성격과 기능에 대해 정확한 정보를 알고 있고 완전한 선호를 갖고 있다면 그로 하여금 공공재의 효용이나 지불 의사 금액을 진술하게 할 수 있다. 정부는 소비자인 시민의 지불 의사 금액을 파악한 뒤 그 금액의 합계가 주어진 공공재의 비용을 초과한다면 공공재를 공급하는 것이 사회적으로 적정하다.

이때 지불 의사 금액을 진술에 따라 구한다면 역시 일부 개인은 주어진 공공재로부터 얻는 효용이나 지불 의사 금액을 적게 진술할 수 있다. 따라서 정부가 적정한 공공재의 공급 규모와 기능을 결정하더라도 지불 의사 금액의 진술에 의해 사회적으로 공공재를 적정하게 공급하는 데 어려움을 겪는다.

사적재와 공공재가 있을 때 개인 i의 효용 분석의 편의를 위해 단순한 효용함수를 사용한다. 개인이 사적재 x를 가격 p에 구입한 뒤 현금 $m-px=m'$를 보유하고 있다. 현금은 뉴메레르로 볼 수 있다. 사적재의 효용함수는 $v(x)$이면 이를 준선형 효용함수로 〈식 124〉와 같이 표시한다.

$$v_i(x)+m' \qquad \text{〈식 124〉}$$

사적재 x는 고정되고 소비자는 남은 현금 m'로부터 공공재에 얼마나 기여할 것인가를 고려한다. 공공재의 수준은 이미 고정되었기 때문에 단순히 1로 한다. 공공재는 비배타성이 있으므로 개인은 기여 금액에 관계없이 동일한 공공재 수준 1을 이용한다.

사적재와 공공재가 상호 한계 효용에 영향을 미치지 않고 공공재에 대해 기여를 b_i로 한다면 〈식 125〉와 같이 분리된 효용함수를 사용할 수 있다. 여기서 $u_i(1)$은 공공재의 효용이다.

$$v_i(x)+u_i(1)+m'-b_i \qquad \text{〈식 125〉}$$

공공재에 b_i만큼 기여할 때 사적재 x의 구입은 변하지 않는다고 가정한다. x는 고정되었으므로 $v_i(x)+m'=m_i$로 한다면 〈식 125〉를 〈식

126〉과 같이 효용함수를 쓸 수 있다.

$$u_i(1)+m_i-b_i \qquad \langle 식\ 126\rangle$$

이제 공공재의 선택만을 고려하는 준선형 효용함수를 얻는다. 이것은 공공재가 현금의 한계 효용에 영향을 미치지 않는다는 의미이다.

만약 공공재에 대한 기여 b_i가 부등식 〈식 127〉을 만족한다면 개인 i는 기꺼이 공공재를 구입할 것이다.

$$u_i(1)+m_i-b_i>u_i(0)+m_i \qquad \langle 식\ 127\rangle$$

또는 $u_i(0)=0$이기 때문에 〈식 127〉은 〈식 128〉이 된다.

$$u_i(1)>b_i \qquad \langle 식\ 128\rangle$$

부등식 〈식 128〉로부터 개인 i는 공공재에 대해 최대 w_i만큼 지불할 의사가 있다. w_i를 지불 의사 금액(WTP, willingness to pay)이라 한다.

$$u_i(1)=w_i \qquad \langle 식\ 129\rangle$$

만약 공공재 공급 비용이 c일 때 $\sum_{i=1}^{N} w_i > c$이면, 즉 지불 의사 금액의 합계가 공급 비용보다 크다면 공공재를 공급하는 것이 적정하다. 하지만 개인의 진실된 지불 의사 금액 $(w_1, \cdots, w_N)$은 균형점이 될 수 없다.

개인 i를 제외한 나머지 개인이 올바른 w_j를 진술한다고 가정한다. 그때 개인 i는 w_i보다 약간 적은 b_i를 진술할 유혹을 느낀다. 여전히 부등식 〈식 130〉이 유지되기 때문에 공공재는 공급된다.

$$w_1 + \cdots + w_{i-1} + b_i + w_{i+1} + \cdots + w_n > c \qquad \text{〈식 130〉}$$

이때 개인 i는 b_i를 진술할 때 부등식 〈식 131〉에서 보듯 더 큰 효용을 얻는다.

$$u_i(1) + m_i - b_i > u_i(1) + m_i - w_i \qquad \text{〈식 131〉}$$

따라서 개인의 진실된 지불 의사 금액 $(w_1, \cdots, w_N)$은 균형점이 될 수 없다. 즉 각 개인은 진실된 지불 금액보다 적은 금액을 기여하고 동일한 공공재 수준을 이용하려고 할 것이다. 각 개인은 공공재의 공급에 대해 무임승차를 한다.

〈그림 71〉

소비자의 지불 의사 금액은 균형점이 될 수 없다. 각 개인은 진실된 지불 금액보다 적은 금액을 기여하고 동일한 공공재 수준을 이용하려 할 것이다. 각 개인은 공공재 공급에 무임승차를 하는 셈이다.

진실 진술 메커니즘

06

공공재는 공급되거나 공급되지 않는다고 가정한다. 즉 $G=1$ 혹은 $G=0$이다. w_i는 유보 가격(reservation price)이거나 지불 의사 금액이다. 공공재의 원가는 c이다. 개인 i의 부담 비율은 s_i이고 따라서 공공재 공급을 위해 s_ic를 지급한다. 이때 $v_i=w_i-s_ic$는 공공재에 대한 개인 i에 대한 순가치(net value)이다. 다시 $\sum s_i=1$라고 가정한다.

모든 개인 i가 순가치 v_i를 정확히 진술한다고 가정한다. 다음 부등식처럼 각 개인의 순가치 합 $\sum_{i=1}^{N} v_i$이 0보다 크다면, 혹은 지불 의사 금액의 합이 공공재의 원가 c보다 크다면, 공공재를 공급하는 것이 적정하다.

$$\sum_{i=1}^{N} v_i=\sum_{i=1}^{N}(w_i-s_ic)>0.\ \text{즉}\ \sum_{i=1}^{N} w_i>c$$

〈그림 72〉

정부는 개인에게 순가치를 진술하라고 요구한다. 이때 개인이 순가치를 진실하게 제시하도록 게임 메커니즘을 만들 필요가 있다.

〈그림 73〉

개인이 공공재 공급을 원하면 일부러 순가치보다 큰 금액을 진술할 것이고, 반대로 공공재를 원치 않거나 무임승차를 하려면 순가치보다 적은 금액을 진술할 것이다. 이때 일부 개인이 순가치를 그릇되게 제시하면 공공재의 가치가 왜곡되어 적정한 공급이 이루어지지 않을 것이다.

이제부터는 순가치 v_i를 정확히 진술하도록 하는 그로브스-클라크(Groves-Clarke) 메커니즘을 소개한다. 정부는 개인만이 알고 있는 순가치 v_i를 진술하라고 요구한다. 개인이 공공재 공급을 원한다면 v_i보다 큰 금액을 일부러 진술할 것이다. 왜냐하면 그가 지급해야 하는 금액은 s_ic로 이미 정해져 있기 때문이다. 반대로 개인이 공공재를 원치 않거나 무임승차를 하려면 더 적은 금액을 진술하려 할 것이다.

개인이 진술하는 순가치 금액을 b_i라고 한다. 이들 순가치 금액의 합계액이 0보다 크다면 공공재가 공급된다. 즉 $\sum_{i=1}^{N} b_i > 0$이면 공공재를 공급할 것이다. 이때 일부 개인이 순가치를 그릇되게 제시한다면 공공재의 가치가 왜곡되어 적정한 공급이 이루어지지 않을 것이다.

정부는 개인 i가 순가치를 진실하게 제시하도록 혹은 $b_i = v_i$가 되도록 게임 메커니즘을 만들 필요가 있다. 개인 i의 진실한 제시 금액(행동)이 지배 전략(dominant strategy)이 되도록 행동에 대한 보상을 만드는 것이다. 이 보상은 〈식 132〉와 같다. 각 개인은 b_i를 제시한다. b_i의 합계가 0보다 크다면 공공재는 공급된다. 이때 각 개인에게 나머지 개인이 제시한 금액의 합계 $\sum_{j \neq i} b_j$를 제공한다. 그러면 개인 i의 보상은 $v_i + \sum_{j \neq i} b_j$가 된다. 만약 b_i의 합계가 0보다 적다면 공공재는 공급되지 않는다. 그때 개인 i에 대한 보상은 0이다.

$$\text{개인 } i\text{에 대한 보상(payoff)} \quad v_i + \sum_{j \neq i} b_j \text{ if } b_i + \sum_{j \neq i} b_j > 0 \qquad \langle\text{식 132}\rangle$$

$$0 \quad \text{if } b_i + \sum_{j \neq i} b_j < 0$$

이 보상 구조의 핵심은 개인 i에 대한 보상이 $v_i + \sum_{j \neq i} b_j$ 혹은 0이기 때문에 그의 제시 금액 b_i에 영향을 받지 않는다는 것이다. 즉 개인 i는 보상을 크게 하기 위해 제시액을 허위로 진술할 유인이 없다. '부록 8'에서 이 보상이 제시 금액을 진실하게 진술하도록 하는 메커니즘(truth telling mechanism)이라는 것을 증명한다.

그로브스와 클라크는 이러한 공공재의 효용에 관한 그릇된 진술을 방지하기 위한 유인 메커니즘(incentive mechanism)인 공공재에 관한 게임을 제시하였다. 이 게임의 균형점은 이론적으로 진실한 진술이지만 현실적으로 구현하기가 불가능하다.

왜냐하면 균형점을 찾기 위해서 개인은 자신을 제외한 모든 개인의 제시 금액이 정해져 있으면 자신의 제시 금액을 진술하기 때문이다. 즉 모든 정보가 이미 정해져 있고 동시에 자신의 진술이 정보를 만든다는 것이 이론적으로 가능하지만 현실적으로 시차가 있어 불가능하다. 다음 장에서 현실적으로 가능한 개인의 효용에 관한 진술을 얻어 내는 조건부 가치 측정을 소개한다.

부록 8

우선 타인의 행동 $b_j,\ j \neq i$가 주어졌다. 즉 $\sum_{j \neq i} b_j$가 개인 i에게 알려져 있다. 이때 개인 i는 타인이 제시한 금액 $\sum_{j \neq i} b_j$와 의중에 있는 순가치 v_i에 관한 정보에 근거해 제시 금액을 진실하게 진술할 것인지($b_i = v_i$) 혹은 제시 금액을 허위로 진술할 것인지($b_i \neq v_i$) 결정한다. 이때 개인 i는 두 가지 경우에 당면한다.

$v_i + \sum_{j \neq i} b_j > 0$의 경우 개인 i는 $v_i = b_i$만큼 제시하면, 즉 제시 금액을 진실하게 진술하면, $b_i + \sum_{j \neq i} b_j = v_i + \sum_{j \neq i} b_j > 0$이기 때문에 공공재가 공급된다. 개인 i는 제시 금액을 진실하게 말하면 보상액 $\sum_{j \neq i} b_j$와 자신이 생각하는 순가치 v_i를 합한 보상 $v_i + \sum_{j \neq i} b_j$을 얻고 이는 0보다 크기 때문에 만족한다.

개인 i는 더 큰 금액을 제시하더라도, 즉 $b_i > v_i$라고 진술해도 $b_i + \sum_{j \neq i} b_j > v_i + \sum_{j \neq i} b_j > 0$이기 때문에 공공재 공급 결정에 영향을 미치지 않는다. 보상은 여전히 $v_i + \sum_{j \neq i} b_j$이기 때문에 과장해서 진술하지 않는다.

개인 i는 자신의 부담액 $s_i c$가 이미 정해져 있기 때문에 v_i보다 적은 금액 b_i를 진술할 필요가 없다. 더욱이 아주 적은 제시 금액 b_i를 진술해 $b_i + \sum_{j \neq i} b_j < 0$이 된다면 공공재는 공급이 되지 않는다. $v_i + \sum_{j \neq i} b_j > 0$의 경우에 공공재가 공급되는 것이 좋기 때문에 적은 제시 금액 b_i를 진술할 필요가 없다.

$v_i + \sum_{j \neq i} b_j < 0$의 경우 보상이 0보다 적으므로 공공재가 공급되지 않는 것이 좋다. 왜냐하면 공공재가 공급되지 않으면 보상이 0이기 때문이다. 그래서 $v_i = b_i$만큼 제시하면 (즉 진실을 말하면) $b_i + \sum_{j \neq i} b_j < 0$이므로 공공재가 공급되지 않는다. 어찌했든

개인 i가 순가치에 대해 진실을 말하는 것이 최적 전략이다.

이 보상 매커니즘의 문제점은 공공재가 공급되는 경우 각 개인에게 정부가 별도 지급(side payment), $\sum_{j \neq i} b_j$를 주어야 하기 때문에 정부 재정에 부담이 된다. 따라서 정부는 별도 지급과 더불어 세금 h_i을 부과한다.

〈식 132〉의 보상에 세금 h_i를 더하면 보상 〈식 133〉은 다음과 같다.

개인 i에 대한 보상 $\quad v_i + \sum_{j \neq i} b_j + h_i \text{ if } b_i + \sum_{j \neq i} b_j > 0$ 〈식 133〉

$$h_i \text{ if } b_i + \sum_{j \neq i} b_j < 0$$

개인 i에 대한 세금은 〈식 134〉와 같이 만든다.

$$h_i = -\sum_{j \neq i} b_j \text{ if } \sum_{j \neq i} b_j > 0 \qquad \text{〈식 134〉}$$

$$0 \text{ if } \sum_{j \neq i} b_j < 0$$

이때 개인 i에 대한 보상은 〈식 135〉와 같이 정해진다.

$$\begin{array}{lll} v_i & \text{if } \sum_{i=1}^{N} b_i > 0, \sum_{j \neq i} b_j > 0 & \text{(공공재 공급)} \\ v_i + \sum_{j \neq i} b_j & \text{if } \sum_{i=1}^{N} b_i > 0, \sum_{j \neq i} b_j < 0 & \text{(공공재 공급)} \\ -\sum_{j \neq i} b_j & \text{if } \sum_{i=1}^{N} b_i < 0, \sum_{j \neq i} b_j > 0 & \text{(공공재 미공급)} \\ 0 & \text{if } \sum_{i=1}^{N} b_i < 0, \sum_{j \neq i} b_j < 0 & \text{(공공재 미공급)} \end{array} \qquad \text{〈식 135〉}$$

첫 번째 식과 네 번째 식은 각각 개인 i가 진실한 진술을 하여 공공재를 공급하거나 혹은 공급하지 않아 얻게 되는 실제 보상이다.

반면 두 번째 식은 나머지 개인이 제시한 순가치 $\sum_{j \neq i} b_j$가 음임에도 불구하고 개인 i가 공공재로부터 얻는 순가치가 크다고 해서 과다하게 큰 제시 금액을 진술하여 공공재가 공급될 때 개인 i에게 세금 $\sum_{j \neq i} b_j$를 부과하는 것이다. 이때 개인이 얻는 보상은 $v_i+\sum_{i\neq j}b$이다. 전체 순가치 $\sum_{j\neq i}b_j$가 음이기 때문에 개인 i가 과다하게 큰 제시 금액을 진술하여 공공재가 공급되면 나머지 개인은 $\sum_{j\neq i}b_j$만큼 피해를 입는다. 이 피해 금액만큼 개인 i에게 세금을 부과하는 것이다.

세 번째 식은 그 반대 경우이다. 전체 순가치 $\sum_{j\neq i}b_j$가 양임에도 불구하고 개인 i가 공공재로부터 얻는 순가치가 작다고 해서 과다하게 작은 음의 제시 금액을 진술하여 공공재가 공급되지 않을 때 개인 i에게 세금 $\sum_{j\neq i}b_j$를 부과하는 것이다. 이 경우 역시 피해 금액만큼 개인 i에게 세금을 부과하는 것이다.

이로 인해 정부는 처음에 보았던 메커니즘에서처럼 개인에게 보조금과 더불어 세금을 부과한다. 따라서 이 메커니즘은 재정적으로 유지할 수 있다.

CONSUMER UTILITY AND VALUE OF PUBLIC GOODS

6

조건부 가치 측정

조건부 가치 측정의 정의와 특성

01

소비자는 시장재에 관해 다양한 매체로부터 정보를 얻고 정확히 이해할 수 있기 때문에 효용을 정확히 계산하고 적정한 소비를 한다. 또한 소비자가 시장재와 공공재에 대해 완벽한 정보를 가지고 효용을 극대화하는 행동을 한다면 이 과정에서 각 재화에 올바른 가치가 부여된다. 한편 그로브스와 클라크는 이론적으로 소비자가 공공재에 올바른 가치(지불 의사 금액)를 진술하도록 유인 메커니즘을 만들 수 있다고 하였다.

이러한 이론을 바탕으로 지불 의사 금액을 파악하는 방법 중에 하나가 조건부 가치 측정이다. 조건부 가치 측정을 하려면 개인이 시장재와 공공재에 관한 완전한 정보를 가져야 한다. 이때 공공재의 효용에 관한 정확한 가치를 산출할 수 있다. 하지만 시장에서 정보를 얻을 수 있는 시장재와 달리 공공재는 이를 공급하는 정부가 정보를 전달해 주어야 한다.

반면 공급 예정인 공공재는 관련 정보가 정확히 전달되기도 어렵고 전달되어도 소비자의 이해가 부족할 수 있다. 이러한 점 때문에 조건부 가치 측정은 내재적인 어려움을 가질 수밖에 없다.

개인이 공공재 관련 정보를 비교적 정확히 이해하더라도 비용 부담을 줄이기 위해 혹은 비경제적인 이유로 공공재의 공급을 반대하기 위해 그릇된 진술을 할 수 있다. 또한 정부 측에서도 공공재를 의도적으로 공급하기 위해 관련 정보를 왜곡해서 전달할 수 있다. 따라서 조건부 가치 측정의 절차와 계산은 엄밀하고 정확하게 진행되어야 한다.

조건부 가치 측정의 구조

02

1 미국 대기해양청의 권고

미국 대기해양청은 경제학자 로버트 머튼 솔로(Robert Merton Solow)와 케네스 조지프 애로(Kenneth Joseph Arrow)가 이끈 위원회의 조언을 받아들여 조건부 가치 측정을 공공재 가치 평가에 사용할 수 있다고 결론 내렸다. 하지만 조건부 가치 측정은 정보 전달의 정확성, 응답자의 소비 선택에 관한 이해 능력, 도덕적 해이에 따른 관련자의 전략적 행동 때문에 공공재의 가치를 측정하는 데 문제가 있다. 대기해양청은 조건부 가치 측정에 관한 조사가 이러한 문제점을 줄이고 정확한 지불 의사 금액을 유도하기 위해서 다음의 몇 가지를 충족시켜야 한다고 했다.

(a) 전문가의 일대일 면접과 보기카드의 사용

응답자가 공공재의 정보를 정확히 전달받고 이해했는지 확인하기 위해 전문 조사자가 일대일로 면접 조사를 해야 한다. 이를 제대로 확인할 수 없는 전화나 온라인 같은 비면접 조사는 배제한다.

조건부 가치 측정을 조사할 때 전문 조사자는 공공재의 특성과 편익을 시민에게 설명하고 이해를 돕기 위해 해당 시설의 특징을 그림으로 드러내는 보기카드를 보여 준다. 설명서와 보기카드를 준비하는 것은 모든 응답자에게 동일한 정보를 정확히 전달하기 위해서이다.

〈그림 74〉

조건부 가치 측정을 조사할 때 전문 조사자는 모든 응답자에게 동일한 정보를 정확하게 전달하기 위해 공공재의 특성과 편익을 담은 설명서와 보기카드를 준비해야 한다.

(b) 2단계 양분 선택형 지불 의사 질문

조사자는 5~6개의 금액 가운데 무작위로 선택된 금액을 응답자에게 제시하고 이를 지불하고 공공재의 공급을 원하는지를 "예" 혹은 "아니오"로 응답하도록 하고 그 결과를 기입한다.

1단계에서 "예"라고 응답하면 두 배로 인상된 금액을 제시하고 응답하도록 한다. 응답자는 다시 "예" 혹은 "아니오"로 응답한다. 1단계에서 "아니오"라고 응답하면 반으로 줄어든 금액을 제시하고 응답하도록 한다. 응답자는 다시 "예" 혹은 "아니오"로 응답한다. 그러면 2단계에 걸친 응답은 〈그림 75〉에서 보듯 (예, 예), (예, 아니오), (아니오, 예), (아니오, 아니오)의 네 가지 답변 가운데 하나이다.

〈그림 75〉

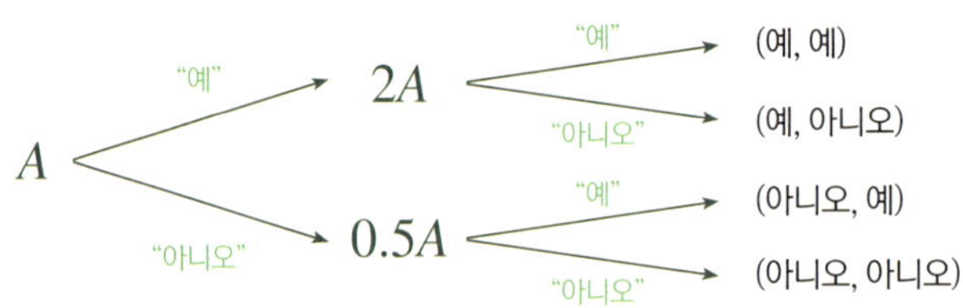

양분 선택형 지불 의사 질문은 응답자가 특정 지불 의사 금액을 꼭 집어서 진술하는 데 발생하는 어려움과 오차를 줄일 수 있다.

지불 의사 금액을 직접 묻지 않고 양분 선택을 하게 하면 응답자는 특정 지불 의사 금액이 아니라 그 금액이 있는 구간을 말하게 된다. 예를 들면 초기 제시 값이 2천 원일 때, "예"나 "아니오"로 대답하면 지불 의사 금액이 2천 원과 4천 원 사이에 있다고 진술하는 것이다.

이렇게 해서 응답자가 꼭 집어서 특정 지불 의사 금액을 진술하는 데 발생하는 어려움과 오차를 줄일 수 있다. 또한 2단계에 걸쳐 제시 가격에 응답하도록 하는 것은 응답자가 시간을 갖고 주의하여 지불 의사 금액을 산출할 수 있도록 도와준다.

(c) 사회적 편익에 대해 정보 제공

조사자는 공공재 이용으로 얻는 직접적 효용뿐 아니라 타인을 포함한 사회 전체가 얻는 비사용 가치 효용을 설명해 주어 응답자가 사회적 편익에 대해 지불 의사 금액을 산출하도록 해야 한다.

〈그림 76〉

조사자는 사용자가 직접 효용뿐 아니라 사회 전체가 얻는 비사용 가치 효용까지 생각할 수 있도록 정보를 제공해야 한다.

(d) 공공재에 대한 지불은 사적 소비를 감소

조사자는 제시 금액에 응답자가 "예"라고 대답하면 그만큼 사적재에 지출할 수 있는 비용이 줄어든다는 것을 알려 주어야 한다. 즉 응답자가 그 금액만큼 줄었을 때 사적재 감소로 인한 효용 감소와 공공재로부터 얻는 효용 증가를 비교하도록 해야 한다.

조건부 가치 측정의 절차

03

1 사전 조사

100가구 혹은 200가구를 대상으로 사전 조사를 한다. 사전 조사에서는 응답자의 주소, 지불 의사 금액을 파악한다. 응답자가 공공재로부터 멀리 떨어져 거주할수록 공공재 이용이 어렵기 때문에 지불 의사 금액은 감소할 것이다.

지불 의사 금액이 대부분 0이 나오는 지역은 본 조사 대상에서 제외하도록 영향권을 설정할 수 있다. 지불 의사 금액이 분포하는 구간과 빈도를 고려하여 지불 의사 금액이 빈번하게 나오는 구간을 균등하게 분할하여 초기 제시 가격을 선정한다.

2 본 조사

(a) 본 조사의 설계

전국 설문일 때는 1천 가구를 표본으로 한다. 시·도일 때는 표본의 수를 500개 정도로 조정할 수 있다. 공공재의 성격과 이용객의 주거지 분포, 사전 조사 결과를 감안해서 조사의 지리적 영향권을 설정한다. 예를 들어 시·도가 운영하는 박물관이면 해당 시·도가 영향권이 된다. 지역공원이면 사전 조사 결과를 반영하여 공원을 이용하겠다고 하고 지불 의사 금액을 진술하는 주민의 거주지를 영향권으로 설정한다.

응답자에게 공공재를 설명하는 보기카드를 보여 준 뒤 임의의 제시 가격을 제공하고 그만큼 향후 5년간 재산세를 추가하여 지불해야 한다고 알려 준다. 공공재의 존속 및 이용 기간은 30년 이상 장기간이지만 지불 기간을 5년으로 하는 것은 개인이 공공재를 포함한 소비 계획을 5년 이상으로 잡는 것은 비현실적이기 때문이다.

(b) 응답자의 자격

지불 의사 금액은 앞서 공공재가 없을 때 이를 현금으로 보유하고 얻는 효용이 공공재 구입을 위해 그 금액만큼 지불하고 얻는 효용과 같아지도록 한다. 따라서 응답자는 소비 조합에서 얻는 효용을 알고 지불 의사 금액(세금)을 납부하는 개인, 즉 가구 지출을 책임지는 가구주여야 한다.

(c) 제시 금액의 설정

사전 조사에서 대부분이 (아니오, 아니오)라고 대답한 제시 금액, 통상 높은 제시 금액은 본조사에 사용하지 않는다. 이렇게 답한 응답자는 본조사에서 주관식 진술 금액을 0이라고 말할 확률이 크기 때문이다. 이러한 응답자의 답변은 조건부 가치 측정의 신뢰성을 저해한다.

사전 조사에서 주관식 금액을 조사하는 것이 바람직하다. 여러 금액 가운데 무작위로 제시 금액이 제공될 때 큰 금액을 제공받은 응답자이건 낮은 금액을 제공받은 응답자이건 주관적 지불 의사 금액의 분포는 동일해야 한다. 하지만 제시 금액의 고정 효과(anchor effect) 때문에 낮은 금액을 제공받은 응답자의 주관적 지불 의사 금액은 낮은 금액 영역에 분포할 수 있다. 만약 이렇다면 너무 낮은 제시 금액은 사용하지 않는 것이 바람직하다.

(d) 본조사 과정의 유의 사항

조건부 가치 측정을 위한 조사는 응답자가 정확하게 지불 의사 금액을 정하고 진술하도록 하는 모의실험이다. 정확한 모의실험을 위해 다음 사항을 유의해야 한다. 먼저 공공재 공급을 계획하는 정부는 공급을 위해 응답자의 효용을 일부러 증가시키려고 규모와 기능을 과장하여 설명서와 보기카드를 만들어서는 안 된다.

조사자가 무작위로 선택한 특정 가격을 제시한 뒤 공공재 공급을 위해 이 가격을 지불할 의사가 있는지를 "예" 혹은 "아니오"로 대답할 수 있다. 이처럼 두 단계에 걸쳐 다른 값을 제시할 때 응답자는 의중에 있는 지불 의사 금액을 감안하여 정확히 답변해야 한다. 만약 응답자가 공공재의 성격과 편익을 이해하지 못하고 가치를 정확히 정하지 못해 두 단계 질문에 답변을 주저하면 조사는 중단되어야 한다.

특정 개인의 주관적 금액이 앞에 언급한 두 단계의 답변과 일치하지 않는다면 그 개인의 응답은 제외되어야 한다. 예를 들어 주관적 지불 의사 금액이 3천 원이라면 1단계에 제시한 값 2천 원에 대해 "예", 그리고 2단계에 제시한 4천 원에 대해 "아니오"라고 대답하여야 한다. 만약 그렇지 않을 때는 이 응답을 제외해야 한다.

조사에서 주관적 지불 금액 0이면 그 이유를 다항 선택에서 고르도록 한다. 그때 이유가 공공재의 가치에 관한 의견이 아니고 조세 저항, 개인적인 소비 습관, 공공재에 대한 몰이해 등과 관계되면 지불 의사 금액은 왜곡된 것이므로 그 응답은 제외되어야 한다.

또한 조사 자체는 응답자가 바로 지급하고 공공재를 구입하는 구매 행위가 아니고 단지 모의실험이기 때문에 지불 의사 금액을 과장할 수 있다. 이런 응답자는 의중에 있는 공공재의 효용보다 높은 제시 가격에 "예"라고 대답할 수 있다. 이렇게 응답자가 과다하게 진술하는 것이 보인다면 조사를 중단하거나 그 금액을 분석에서 제외해야 한다.

조건부 가치 측정에 관한 통계이론과 추정 방법

04

1 2단계 응답의 확률

〈식 128〉과 〈식 129〉에서 보듯 제시 금액 A_k에 대해 부등식 〈식 136〉이 유지되면, 다시 말해 개인 i가 공공재로부터 얻는 효용 $w_i = u(1)$, 즉 지불 의사 금액이 무작위로 제시된 금액 A_k보다 크다면 개인 i는 "예"라고 응답한다.

$$w_i > A_k \tag{식 136}$$

지불 의사 금액 w_i가 로짓 분포를 가지고 있다고 가정한다. 아래 식의 a는 w_i의 평균이다. 따라서 A_k가 제시될 때 "예"와 "아니오"라고 응답할 확률은 〈식 137〉, 〈식 138〉과 같다.

$$\Pr(\text{예}) = \Pr(w_i > A_k) = 1 - \frac{1}{1 + e^{a - A_k}}$$ 〈식 137〉

$$\Pr(\text{아니오}) = \Pr(w_i < A_k) = \frac{1}{1 + e^{a - A_k}}$$ 〈식 138〉

먼저 금액 A_k를 제시하고 응답자가 "예"라고 대답하면 제시 금액을 $A_{kH} = 2A_k$로 올리고, "아니오"라고 대답하면 제시 금액을 $A_{kL} = 0.5A_k$로 내린다. 두 번의 질문에 응답자는 (예, 예), (예, 아니오), (아니오, 예), (아니오, 아니오) 가운데 한 가지로 대답한다.

지불 의사 금액이 $w_i > A_{kH}$만큼 크다면 개인 i는 (예, 예)라고 대답한다. 이때 확률은 〈식 139〉와 같다.

$$\Pr\left(\text{예, 예}\right) = \Pr(w_i > A_{kH}) = 1 - \frac{1}{1 + e^{a - A_{kH}}}$$ 〈식 139〉

만약 지불 의사 금액이 $A_k < w_i < A_{kH}$를 만족한다면, 개인 i는 (예, 아니오)라고 대답한다. 따라서 (예, 아니오)의 확률은 〈식 140〉과 같다.

$$\Pr\left(\text{예, 아니오}\right) = \Pr(A_k < w_i < A_{kH}) = \frac{1}{1 + e^{a - A_{kH}}} - \frac{1}{1 + e^{a - A_k}}$$ 〈식 140〉

만약 지불 의사 금액이 $A_{kL} < w_i < A_k$를 만족한다면, 개인 i는 (아니오, 예)라고 대답한다. 따라서 (아니오, 예)의 확률은 〈식 141〉과 같다.

$$\Pr\left(\text{아니오, 예}\right) = \Pr(A_{kL} < w_i < A_k) = \frac{1}{1+e^{a-A_k}} - \frac{1}{1+e^{a-A_{kL}}} \quad \langle\text{식 141}\rangle$$

마지막으로 지불 의사 금액이 $w_i < A_{kL}$만큼 작다면 개인 i는 (아니오, 아니오)라고 대답한다. 따라서 (아니오, 아니오)의 확률은 〈식 142〉와 같다.

$$\Pr\left(\text{아니오, 아니오}\right) = \Pr(w_i < A_{kL}) = \frac{1}{1+e^{a-A_{kL}}} \quad \langle\text{식 142}\rangle$$

2 표본 응답의 확률

개인 i의 의사 결정 d_i는 다음 집합의 하나의 값을 갖는다.

$$d_i \in \{\left(\text{예,예}\right), \left(\text{예,아니오}\right), \left(\text{아니오,예}\right), \left(\text{아니오,아니오}\right)\}$$

네 개의 지시함수 1_k, $k = 1, 2, 3, 4$를 다음과 같이 정의한다. 예를 들면 $1_1[d_i = \left(\text{예, 예}\right)] = 1$이고 다른 의사 결정의 지시함수의 값은 모두 0이다. 즉 $1_1[(\text{예, 아니오})] = 0$, $1_1[(\text{아니오, 예})] = 0$, $1_1[(\text{아니오, 아니오})] = 0$이다. 이를 다음처럼 표시한다.

$$1_1[d_i = (\text{예, 예})] = 1,\ 1_1\ [d_i = ow] = 0$$

$$1_2[d_i=(\text{예, 아니오})]=1,\ 1_2\ [d_i=ow]=0$$

$$1_3[d_i=(\text{아니오, 예})]=1,\ 1_3\ [d_i=ow]=0$$

$$1_4[d_i=(\text{아니오, 아니오})]=1,\ 1_4\ [d_i=ow]=0$$

네 가지 대답은 서로 배타적이므로 개인 i의 d_i에 대해 오직 한 개의 지시함수 $1_k[d_i]$만이 1이고 나머지 $1_j[d_i]$는 0이다. 지시함수를 이용하여 앞서 살펴본 확률들을 〈식 143〉과 같이 한꺼번에 쓴다.

$$\Pr(d_i)=[1-\frac{1}{1+e^{a-A_{kH}}}]^{1_1[d_i]}[\frac{1}{1+e^{a-A_{kH}}}-\frac{1}{1+e^{a-A_k}}]^{1_2[d_i]}\times$$
$$[\frac{1}{1+e^{a-A_k}}-\frac{1}{1+e^{a-A_{kL}}}]^{1_3[d_i]}[\frac{1}{1+e^{a-A_{kL}}}]^{1_4[d_i]} \qquad \text{〈식 143〉}$$

개인 i가 제시된 두 번의 금액에 (아니오, 예)라고 답했다면 $1_3[d_i]=1$이고 나머지 $1_j[d_i]=0$이다. 그래서 〈식 143〉의 세 번째 항만 남는데 그것은 〈식 141〉과 동일하다.

설문 조사에서 N명이 응답했고 그 응답은 서로 독립적이다. 그때 N명의 응답 확률은 각 개인의 응답 확률을 곱해 얻는다.

$$\Pr(d_1,\ \cdots,\ d_N)=\prod_{i=1}^{N}\Pr(d_i)=\prod_{i=1}^{N}\{[1-\frac{1}{1+e^{a-A_{kH}}}]^{1_1[d_i]}\times$$
$$[\frac{1}{1+e^{a-A_{kH}}}-\frac{1}{1+e^{a-A_k}}]^{1_2[d_i]}[\frac{1}{1+e^{a-A_k}}-\frac{1}{1+e^{a-A_{kL}}}]^{1_3[d_i]}$$

$$[\frac{1}{1+e^{a-A_{kL}}}]^{1_4[d_i]}\}$$ 〈식 144〉

A_k, A_{kH}, A_{kL}은 이미 제시되었고, $1_k[d_i]$는 개인 i의 응답에 따라 결정된다. 따라서 N명의 응답 확률인 〈식 144〉는 a(지불 의사 금액 w_i의 평균)의 함수이다.

$Pr(d_1, \cdots, d_N)$을 극대화하는 a를 추정한다. 대신 $Pr(d_1, \cdots, d_N)$의 로그 값을 극대화한다.

$$log\prod_{i=1}^{N}Pr(d_i)=\sum_{i=1}^{N}\{1_1[d_i]\times log\left[1-\frac{1}{1+e^{a-A_{kH}}}\right]$$
$$+1_2[d_i]log\left[\frac{1}{1+e^{a-A_{kH}}}-\frac{1}{1+e^{a-A_k}}\right]$$
$$+1_3[d_i]log\left[\frac{1}{1+e^{a-A_k}}-\frac{1}{1+e^{a-A_{kL}}}\right]+1_4[d_i]log\left[\frac{1}{1+e^{a-A_{kL}}}\right]\}$$ 〈식 145〉

3 조건부 가치 측정을 위한 데이터 정렬

〈표 2〉는 조건부 가치 측정을 위해 설문 자료를 정리한 자료 테이블이다. 응답자가 100명이라고 가정한다. 조사자가 10원, 30원, 40원, 50원 가운데 하나를 무작위로 선택해 응답자에게 제시한다. 1단계 제시 금액에 대한 대답 "예"와 "아니오"에 따라 2단계 제시 금액을 제시한다.

첫 번째 열은 응답자 번호이며, 두 번째 열(HURZ)은 무작위로 선택된 제시 금액이고 세 번째 열과 네 번째 열은 그 제시 금액의 두 배 혹은 절반이다. 다섯 번째부터 여덟 번째 열은 네 개의 지시함수를 가리킨다. 예를 들면 1번 응답자가 (예, 예)라고 대답하면 DUM1이 1이 되고 DUM2, DUM3, DUM3은 모두 0이 된다. 주의할 점은 열의 이름은 반드시 영문이고 여덟 자를 초과하지 않는다.

〈표 2〉

i	HURZ	HURH	HURL	DUM1	DUM2	DUM3	DUM4
1	10	20	5	1	0	0	0
2	40	80	20	0	1	0	0
3	30	60	15	0	0	0	1
4	50	100	25	1	0	0	0
5	40	80	20	0	1	0	0
6	10	20	5	0	0	1	0
100	30	60	15	0	0	1	0

〈표 2〉의 값을 〈식 145〉에 대입하면 다음 100개 값의 합인 a의 비선형함수 $f(a)$를 얻는다. 이 함수의 극대 값을 갖는 a를 엔로짓(NLOGIT) 소프트웨어를 이용하여 찾는다.

$$f(a) = \sum_{i=1}^{100} value_i \ (a)$$

4 엔로짓의 코딩 및 사용법

(a) 데이터 정리와 저장

데이터 값은 천 단위를 사용한다. 제시 금액이 2천 원이면 2를 사용한다. 값이 크면 비선형함수의 극대 값을 찾는 데 어려움을 겪는다. 〈표 2〉와 같은 데이터를 담은 엑셀파일을 영문 이름으로 'Excel 97 - 2003 통합문서(*xls)'로 저장한다. 영문 이름을 가진 데이터 폴더를 c드라이브 안에 만들고 엑셀파일을 그 데이터 폴더 안에 둔다.

(b) 엔로짓에서 프로젝트창 열기와 데이터 불러오기

엔로짓의 메뉴판에서 파일(File) - 뉴(new)를 클릭한 뒤 텍스트/코맨드 도큐먼트(Text/Command Document)를 클릭하고 확인을 부르면 코딩을 적을 수 있는 빈 창이 나온다. 이를 프로젝트(Project) 창이라 한다.

화면의 상단에 보이는 아이콘 가운데 엑셀시트 아이콘을 클릭한다. 그러면 데이터 에디터(Data Editor) 창이 나온다. 마우스의 오른편을 누르고 임포트 배리어블(Import Variable)을 클릭한다. 다음 데이터 파일이 있는 C드라이브, 폴더, 파일이름을 순서대로 선택하여 클릭하면 데이터가 있는 엑셀시트가 창에 뜬다.

(c) 코딩 적기

다음 코딩을 창에 적는다.

```
maximize;lables=b1, b2
;start=4,1 ;fix=b2 ;maxit=100
;fcn=dum1*log(1-1/(1+exp(b1-b2*HURH)))
+dum2*log(1/(1+exp(b1
-b2*HURH))-1/(1+exp(b1-b2*HURZ)))
+dum3*log(1/1+exp(b1-b2*HURZ))
-1/(1+exp(b1-b2*HURL)))
+dum4*log(1/(1+exp(b1-b2*HURL)))$
```

코딩의 세부 명령어는 다음과 같다.

① lables은 변수의 계수를 알려 주는 명령어이고 "="를 쓰고 b1, b2로 쓴다.

② 세미콜론 ";"은 명령어와 명령어를 구분한다.

③ start는 b1, b2의 초기 값을 알려 준다. "="를 쓰고 초기 값을 적는다.

④ fcn은 우도 식을 의미한다. "="를 적은 뒤 위의 공식을 적는다.

⑤ fix는 계수 값을 고정시킨다. start에서 b2의 초기 값은 1이다. fix=b2는 b2가 1로 고정된다는 것을 의미한다.

⑥ maximize는 우도 값을 극대화하는 b1, b2를 찾는 명령어이다. b2는 1로 고정되었기 때문에 극대화하는 b1 값만 찾는다. b1을 변수 a라 하고 우도함수 $f(a)$를 고려한다. 우도함수를 극대화하는

a는 그래디언트 방법에 따라 초기 값부터 국부적으로 순차적으로 찾는다.

⑦ maxit는 그래디언트 방법을 적용하는 최대한의 순차 횟수이다.

⑧ $는 코딩이 끝난 것을 의미한다.

참고문헌

Hicks, J.R., *Values and Capital*, 2nd ed, 1946, The Press of University, Oxford.

Marshall, A., *Principles of Economics*, 8th ed, 1920, Palgrave.

Varian., H.R., *Microeconomic Analysis*, 3rd ed, 1992, Norton.

https://en.wikipedia.org/wiki/William_Stanley_Jevons

https://en.wikipedia.org/wiki/Vilfredo_Pareto

https://en.wikipedia.org/wiki/Francis_Ysidro_Edgeworth

https://en.wikipedia.org/wiki/Adam_Smith

https://en.wikipedia.org/wiki/Francis_Hutcheson_(philosopher)

https://en.wikipedia.org/wiki/Jeremy_Bentham

소비자 효용이론과
공공재의 가치

1판 1쇄 인쇄 2022년 12월 23일
1판 1쇄 발행 2022년 12월 29일

지은이 윤형호

펴낸이 박형수
펴낸곳 서울연구원
편집 전말숙, 송도숙
디자인 올컨텐츠그룹
인쇄제본 민언프린텍

주소 서울시 서초구 남부순환로 340길 57
전화 02-2149-1234
팩스 02-2149-1019
홈페이지 www.si.re.kr

ISBN 979-11-5700-724-0 (93320)